전생여행 1

전생퇴행 최면치료, 존재와 내면의 치유

전생퇴행 최면치료, 존재와 내면의 치유 ──

전생 여행

신경정신과 전문의 김영우 지음

1

전나무숲

새로운 진실은 처음에는 조롱당하고,
다음에는 격렬한 반대에 부딪히며,
나중에는 마치 처음부터 자명(自明)했던
사실처럼 받아들여진다.

- 쇼펜하우어 -

《전생여행》을 재출간하며

이 책은 1996년 4월, 국내에서는 처음으로 '최면 전생퇴행요법(Hypnotic Pastlife Regression Therapy)'에 성공한 실제 치료 사례들을 소개하여 우리 사회에 큰 충격을 주었고, 그 이후 지금까지도 지속적으로 영향을 미치고 있다. 국내에 거의 알려지지 않았던 최면 상담과 치료는 이 책의 출간 이후 널리 알려졌으며, 윤회와 전생이라는 개념이 많은 사람의 관심을 끌게 되었고, 여러 최면 상담자들과 상담소들이 등장하는 계기도 되었다.

이 책에 담긴 진리의 메시지들과, 인간 영혼은 죽음 후에도 소멸하지 않고 계속 존재함을 보여주는 강력한 증거인 치료 사례들은 힘든 삶에 지치고 길을 잃었던 수많은 사람에게 큰 위로가 되었기에 소중한 메시지와 사례들을 새로운 세대들과도 나누기 위해 재출간을 결정하였다.

30년 전의 우리나라 국민이 성장하고 발전하는 나라의 모습에 희망을 품고 살았다면, 지금은 활기와 정체성을 잃고 나와 다른 의견을 가진 사람들을 증오하는 불안한 사회 분위기 속에서 살아가고 있다.

온 세계가 도덕과 인간의 기본 가치를 망각하고 집단의 이익과 힘에 따라 모든 것이 정당화되는 혼란과 전쟁 속에 던져진 지금, 인간의 실체인 영혼은 외면한 채 AI에만 열광하고 있는 이런 때일수록 '내가 누구인가?', '왜 살아야 하는가?'에 대한 정답이 더 절실해 보인다.

이번에는, 1996년의 《전생여행》에 새로운 치료 사례들을 추가하여 1권과 2권으로 나누었다. 1권에는 초판의 내용을 그대로 담았고, 2권에는 과거에 발표했던 치료 사례들과 함께, 새로운 한 환자의 충격적이고 놀라운 전생 기억을 통해 낫지 않던 정신적·신체적 증상들이 치유되는 과정을 추가로 수록하였다. 이 책의 메시지와 사례들을 통해 삶의 의미와 영혼의 존재에 대해 깊이 생각해보는 계기가 되기를 바란다.

2025년 6월

_ 김영우

글을 열며

세상에는 두 종류의 사람들이 있다. 한 종류는 주어진 일상의 영역에 모든 열정을 쏟으며, 큰 갈등 없이 현실의 여러 문제에 순응해가는 사람들이고, 다른 한 종류는 무슨 일을 하건 '나는 누구이며, 어디서 와서 어디로 가는 존재인가?', '인생의 진정한 의미와 목적은 무엇인가?' 하는 질문을 한시도 마음 밖으로 밀어낼 수 없는 사람들이다. 전자는 후자를 '덜 자랐다.'고 생각하고, 후자는 전자를 한심하게 생각한다. 그런데 이 두 종류의 사람들이 정말로 존재할까? 나는 그렇지 않다고 생각한다.

누구나 마음 깊은 곳에서는 자신의 근원과 존재 의미에 대해 묻고 있다. 그러나 쉽게 대답을 찾을 수 없어 묻기를 포기한 채 살아가는 것뿐이다. 각자의 삶에는 피할 수 없는 슬픔과 좌절의 경험이 따른다. 성공한 듯 보이는 사람도 유복해 보이는 사람도 사랑하는 사람과의 이별이나 소망의 좌절을 겪지 않고 살아갈 방법은 없는 것이다. 빠져나갈 구멍이 없어 보이는 답답한 마음에 우리는 쉽게 체념하고 상처받으며 서로를 아프게 하고 절망해가는 것이다. 누가 이 문제를 풀어줄 것인가? 어디에서 진정한 마음의 평화와 안식을 얻을 것인가?

 죽자고 돈을 벌고 출세하면 행복이 나를 기다려줄까? 신앙생활을 열심히 하면 되는 것일까? 복잡한 생각 말고 하루하루 열심히 살면 된다고들 말하지만, 그것 또한 이유가 있어야 가능한 일이다. 우리 일생이 길어야 고작 백 년이 안 되고 그 후에는 아무것도 남는 것 없이 무(無)로 돌아간다면 무슨 성실과 노력이 필요하다는 것인지 나는 받아들일 수 없다. 영원한 시간의 흐름 속에서 그 세월은 순간에 불과한데, 그 짧은 시간 동안 즐기지 않으면 언제 즐길 것인가? 수단과 방법을 가리지 않고 즐거움을 찾아 인생을 만끽해야 이치에 맞을 것이다. 기껏 노력한들 죽고 나면 끝인데 왜 고생을 해야 하며, 아무리 남에게 피해를 주고 몹쓸 짓을 해도 죽고 나면 끝인데 뭘 마다하겠는가?

 그러나 우리에게 죽지 않는 영혼이 정말 있다면 문제는 심각해진다. 더구나 그 영혼은 살아온 삶의 모습에 따라 적절한 보상과 문책을 받기도 하고, 새로운 몸을 얻어 지상에 다시 돌아오기라도 한다면? 자신의 참모습을 적극적으로 찾는 이들에게는 흥미로운 이야기이고, 새롭고 낯선 것을 두려워하는 이들에게는 부담스럽고 거부감이 느껴지는 이야기가 될 수도 있다.

물질문명의 화려함과 풍요로움은 많은 사람의 생활을 여유 있고 풍성하게 해주었지만, 한편으로는 삶의 질과 의미를 수입과 자동차, 살고 있는 집의 크기로 오해하게 만든 원인이 되기도 했다. 알게 모르게 우리를 유물론적 사고로 몰아가고, 더 많은 것을 가지고 더 좋은 자리에 올라가기 위한 무한경쟁의 피곤한 쳇바퀴 속에 우리를 잡아놓고 있는 것이다.

이처럼 바쁜 생활 속에서 보이지 않는 영혼의 존재에 대해 누가 깊이 생각할 수 있을 것인가? 대부분의 사람들은 그 질문을 마음속 깊이 접어둔 채 눈앞의 하루하루를 살아가기도 벅차다. 그러나 곳곳에서 부딪히는 좌절과 부조리와 슬픔과 억울함은 순간순간 우리 마음속 깊이 자리 잡은 질문들을 끄집어내게 만든다. '그토록 착한 사람이 왜 그런 비참한 일을 당하는가?', '왜 나만 이런 몹쓸 병에 걸려 신음하는가?' 안타까운 이별과 비참한 상실, 고통의 가짓수는 끝이 없다. 그리고 그 질문들의 끝에는 최후의 질문이 나올 수밖에 없다. '나는 누구이며 어디서 와서 어디로 가는가?', '내 삶의 의미와 목적은 무엇인가?', '내 고통의 의미와 목적은 무엇인가?' 누구도 정답을 주지 않는 이 질문들은 우리를 답답하게 만든다. 그래서 괴로워하며 '인생의 의미는 알 수 없다.', '인생은 싸움터이니 원하는 것을 쟁취해야 한다.', '삶은 무의미하다.'라는 말을 내뱉으며 무기력한 자신을 정당화한다.

  올해는 내가 정신과 의사 생활을 시작한 지 14년째 되는 해이며, 정신과 전문의가 된 지 꼭 10년이 되는 해이다. 그동안 내 마음속 최후의 질문들과 함께, 환자들의 고통과 좌절의 의미를 이해하고 극복하기 위해 많은 애를 써왔다. 그러나 진정 만족스런 대답들은 뜻하지 않은 것에서 신비로운 형태로 나를 찾아왔다. 그 대답들은 세상과 우리의 영혼에 대해 가졌던 나의 희미한 이해를 더 밝혀주고 늘 궁금했던 문제들에 대해 많은 답을 주고 있다.

  이 책에서 여러분이 읽게 될 이야기는 그 신비로운 만남과 그 만남으로부터 전해지는 여러 가르침에 대한 것이다. 대화 내용은 모두 상담하는 동안 녹취한 그대로이며, 일부 사회적 물의를 일으킬 만한 충격적인 내용과 극히 개인적인 일들은 접어두었다. 환자의 사생활을 보호하기 위해 그의 이름과 배경도 조금 변형하였다. 그러나 그 외의 모든 내용은 사실이며 단 한 가지도 덧붙인 것이 없음을, 나의 모든 것을 걸고 단언할 수 있다.

유물론적 과학과 물질만능주의의 한계

  지난 300여년 간 과학의 발달은 인류 문명을 눈부시게 성장시켰고, 오늘날 과학은 현대 사회의 가장 중요한 자산이 되었다. 논리적으로 설명되고 확인되는 명쾌함으로 무장한 과학적 문제 해결 방식은 자연의 신비와 영혼의 신비까지도 물리화학적 법칙 속에서 구하고자 했다.

자연은 눈에 보이는 현상이므로 많은 법칙을 찾아낼 수 있었지만, 보이지 않고 만질 수 없는 현상들은 마치 존재하지 않는 것처럼 무시하는 쪽으로 기울게 되었다.

과학의 엄청난 힘을 경험한 인류는 이 새로운 힘으로 인간의 모든 문제를 해결할 수 있으리라는 기대에 흥분했고 기존의 모든 가치관은 뿌리부터 흔들리게 되었다. 종교의 힘과 신비에 대한 사람들의 외경심은 유물론적이고 보이는 것에만 집중하는 가치관에 밀려 점차 힘을 잃어갔다. 그러나 과학은 인간 내부에 잠재된 자신의 근원과 의미에 대한 질문에는 아무런 대답도 들려줄 수 없었다. 더구나 비윤리적인 사람들이 과학을 이용할 때 인류에게 끼칠 수 있는 엄청난 해악은 인류 전체의 생존을 위협하는 수준으로 발전하게 되었다.

오늘날 세계의 모습은 이런 상황을 한눈에 보여준다. 산업의 발달로 망가져가는 자연과 멸종되는 생물들, 이기주의와 개인주의로 고립되어가는 사람들, 자신과 다르다는 이유로 증오와 차별을 일삼고 자국의 산업 육성을 위해 타국의 전쟁을 부추기는 강대국들…. 소유와 여유는 어느 시대보다 풍성하지만 진정한 마음의 평화와 행복이 없고, 더 심한 경쟁과 초조함 속에 많은 사람이 고통받는 시대에 우리는 살고 있는 것이다. 이 흐름을 돌이킬 방법은 없는 것인가? 우리 후손에게 진정한 낙원을 물려줄 수는 없는 것인가? 영혼의 존재를 증명하거나 부정하는 일은 현대 과학의 수준을 뛰어넘는 숙제이다. 100년 전부터 과학적 방법을 동원하여 영혼을 증명하겠다는 심령과학이란 분야가 생기고 강령술과 영혼 사진, 투시와 예시 등 단편적 증거들을 제시하긴 했지만, 사람들의 관심을 크게 끌진 못했다. 이와는 별개로 수십 년 전부터 연구되기 시작한 '임사체험(臨死體驗, Near-Death Experience, 죽음을 경험한 후 되살아난 사람들의 체험)'은 설득력 있고 객관적인 여러 증거와 증언을 통해 의학계와 일반인들의 큰 관심을 끌고 있다. 임사체험자들이 말하는 공통된 경험들은 죽음의 이해에 중요한 자료들이며, 영혼의 실재에 대한 강력한 뒷받침이 되고 있다.

최면이란 무엇인가?

최면(催眠) 상태란 '한 가지 생각이나 현상에 집중함으로써 의식적 긴장이 풀리고 피암시성이 증가된 상태'를 말한다. 간단히 말해 평소의 표면 의식을 잠시 접어두고 내면 잠재의식과의 직접 교류가 가능해진 상태이다. 최면에 대해 장황하게 얘기하자면 한 권의 책으로도 공간이 모자란다.

간단히 배경과 원리를 알아보면, 최면은 고대로부터 모든 문화권에서 이용되어 왔고, 마법사나 주술사, 성직자들의 병 고침과 악령을 추방하는 의식 등에도 쓰였다. 1700년대에 오스트리아의 의사 안톤 메스미(Anton Mesmer)가 고대 치료자들의 방법을 응용하여 최면 치료를 사용했으나, 최면 현상에 대한 정확한 이해는 못 한 상태였다. 치료의 성과는 꽤 있었지만 기존 의학계의 반발과 공격으로 결국 메스머는 곤경에 처하게 되었고, 최면에 대한 연구는 거의 중단되고 말았다. 1800년대 중반에 이르러 영국에서는, 최면 암시를 마취 대신 성공적으로 이용한 큰 수술들이 많이 보고되었다. 1800년대 말에는 영국 의사 제임스 브레이드(James Braid)가 최면 현상을 과학적으로 설명하며 현재의 용어인 '최면(Hypnosis)'이라는 말을 처음으로 사용했다. 그후 장 마르탱 샤르코(Jean Martin Charcot), 오귀스트 리보(Auguste Liebeault) 등의 프랑스 의사들도 최면 현상을 활발히 연구하였다.

정신분석 이론의 시조이며 잠재의식의 존재를 처음으로 설명한 지그문트 프로이트(Sigmund Freud)도 최면 유도 방법을 리보 등의 최면 연구가들에게서 배웠고, 그 과정에서 우리 내면 잠재의식의 존재를 알게 되었다고 한다. 일부 최면학자들은 프로이트의 최면 유도 솜씨가 서툴러 실패하는 경우가 많았고, 그로 인해 최면 치료를 포기하고 자유연상과 정신분석 이론을 만들었다고 주장한다. 정신분석 이론이 인기를 얻음에 따라 최면은 잊혀져 갔고, 마술사나 거리의 흥행사들이 흥미 위주의 왜곡된 이미지를 최면에 심음으로써 사람들은 최면에 대해 지금도 많은 오해를 하고 있다. 그러나 2차 세계대전이 끝난 후부터 최면에 대한 관심과 연구가 미국과 영국에서 다시 시작되어 지금은 많은 나라에서 활발히 연구되고 있다. 이미 1958년부터 최면은 미국의 학협회가 공식적으로 인정하는 의료 기술로 자리 잡게 되었고, 최근의 의학 학술지들의 논문과 기사에서 최면을 이용한 치료와 연구 결과들이 여러 분야에서 급증하고 있다.

전생퇴행요법을 시작하다

국내에 번역 출간된 《나는 환생을 믿지 않았다(Many Lives, Many Masters)》는 미국의 정신과 의사 브라이언 와이스(Brian Weiss)가 쓴 책으로, 최면을 이용하여 환자를 퇴행(退行)시켜 전생의 기억들을 찾아내고 그 기억들 속에서 현재 문제들의 원인을 찾았다는 내용을 담고 있다. 과학자라고 여겨지는 정신과 의사가 이런 신비롭고 믿기 어려운 이야기를 한 것은 사람들에게 큰 충격이었다. 환자 진료에 최면을 가끔 이용하던 내게는 새로운 연구과제가 주어진 느낌이었다. 단순 연령 퇴행은 더러 했었고 윤회와 환생의 가능성은 충분히 인정했지만 어떤 결론도 내리지 않고 있던 내게 이 과제는 무척 중요한 것이었다.

현대 정신의학은 여러 종류의 환자들을 치료한다. 정신과 치료에 대한 인식의 개선으로 스스럼없이 자신의 문제를 해결하러 오는 사람들이 많아졌지만, 아직도 많은 사람이 남몰래 병원을 찾고 숨어서 약을 복용한다. 병원을 찾는 대부분의 환자들은 어느 정도는 호전되지만 완치는 드물고, 아무리 정신분석을 하고 약물을 복용해도 크게 호전되지 않고 원인조차 짐작하기 어려운 환자들도 있다. 이들은 치료를 불신하게 되고 새로운 치료 방법을 찾아 위험하고 불확실한 방황을 하게 된다. 의학은 끝도 한계도 없는 응용과학의 한 분야이다. 현재의 알려진 이론과 가설로 모든 환자를 설명하는 것은 당연히 불가능하다. 그러나 자신들의 전문성과 이론이 도전을 받을 때, 아무리 애써도 알 수 없을 때 의사들은 과연 마음을 열고 새로운 영역을 탐험할 준비가 되어 있는가? 보고되는 현상을 착각이나 환각이라고 매도하기 전에 그 현상을 직접 확인하고 평가 내리는 것은 너무나 당연한 의무임에도 이것이 잘 지켜지지 않는 것은 안타까운 일이다.

작년 늦은 여름의 어느 날, 가벼운 우울 증세가 있던 한 여성 환자가 깊은 최면 상태로 유도되어 전생의 기억들을 생생히 떠올리게 되었다. 그 환자가 본 것은 서기 800년경 중국에 살았던 40대 장군의 모습이었다. 체격이 장대하고 검은 바탕에 금빛 수가 놓인 화려한 가죽 신발에 갑옷을 입고, 멀리 새벽안개가 허리를 싸고 있는 산과 강이 보이는 바위 위에서 적군에게 포위되어, 날이 밝으면 마지막 항전을 하다가 죽으리라는 참담한 심정으로 앉아 있던 모습이었다. 환자는 옷에 박힌 금빛 장식의 무늬와 감촉을 너무나 선명하게 보고 느꼈고, 가슴을 저미는 듯한 체념과 슬픔을 생생하게 느꼈다. 크고 구부러진 칼과 그 손잡이의 장식도 너무나 또렷했다. 죽음의 순간에는 자신을 포위하고 있던 적들의 화살이 등에서 가슴까지 관통했고, 산 위의 정자와 같은 곳의 기둥에 기대앉아 숨이 끊어졌다. 화살이 꽂힌 등과 가슴 부분의 통증은 뻐근하게 전류가 흐르는 듯했다. 환자는 잠시 후 피에 젖은 자신의 몸을 내려다보며 공중에 떠 있을 때에는 마음이 편안했고 고통은 없다고 했다. 최면에서 깨어난 환자는 자신의 가슴을 뚫고 나온 화살촉의 모양을 정교하게 그림으로 그려주었는데, 스스로도 무척 놀란 표정이었다.

꿈에도 상상한 일이 없는 풍경과 사람들의 모습, 그 생생한 현실감을 환각이라고 부정할 수 없었고, 그 장수가 자신이라는 본능적인 자각과, 상황에 따른 감정의 직접적 체험은 경이로운 것이었다. 사람들이 자신을 '우 장군'이라고 불렀다는 것도 기억했다.

지금부터의 이야기는 나와 한 환자가 같이 겪은 경이로운 체험과 교훈에 대한 것이다. 여러분은 이 이야기 속에서 평소 궁금하게 생각했던 문제들에 대한 많은 답을 얻을 수 있을 것이다. 신기하고 믿기 어려운 내용들이지만 모두가 사실이며, 열린 마음을 가지고 듣는다면 나와 마찬가지로 여러분도 생활에 큰 변화가 생기리라고 확신한다.

1996년 4월

_ 김영우

차례

《전생여행》을 재출간하며   6

글을 열며   8

제1부 신비로운 만남

첫 번째 만남 _ 조선 시대 비구니의 삶   22

두 번째 만남 _ 스페인과 인도에서의 삶   30

세 번째 만남 _ 조선, 고구려, 스코틀랜드에서의 삶과 깨달음   48

네 번째 만남 _ 아프리카, 죽은 후의 세계와 미래의 예언들   66

다섯 번째 만남 _ 여덟 번째 삶과 교훈, 그리고 예언들   84

여섯 번째 만남 _ 나의 전생, 원종진과의 관계, 교훈과 예언들   104

일곱 번째 만남 _ 제3의 방, 이 만남의 의미, 내 문제들, 빙의 현상과 예언들   117

여덟 번째 만남 _ 동물의 영혼, 사랑, 정치 지도자들의 비밀, UFO, 정신병의 원인   133

아홉 번째 만남 _ 이집트에서의 삶과 지옥, 사랑과 겸손, 자기만족, 인구 증가와 심판에 대한 가르침   156

열 번째 만남 _ 고통의 의미, 진정한 수행, 전쟁과 평화, 예언과 교훈들   182

한일 관계와 우리 사회에 대하여   193

흥미로운 두 사례 _ '페비 윤 씨' 이야기   198

　　　　　　　　_ '김금례'라는 여인   205

제2부 남은 이야기들

'지혜의 목소리들'에 대하여   218
'원종진'이라는 청년   222
내가 겪는 변화   225
정신과 의사가 된 이유   229
'최면'과의 만남   232
전생퇴행요법의 역사와 현황   234
믿을 수 있는 치료자의 선택   239

《전생여행 2》에 대하여   241

참고 문헌   242

제1부

신비로운 만남

첫 번째 만남

조선 시대 비구니의 삶

지난 가을의 어느 오후에 나는 전화로 면담 예약을 했던 새로운 환자를 만났다. 그는 전생퇴행에 대한 관심으로 나를 찾아온 사람들 가운데 하나였다. 대학을 졸업하고 평범한 회사에 다니는 26세의 젊은이였는데, 마음씨 좋고 호감이 가는 얼굴에 큰 체격을 가진 건장한 남성으로 이름은 원종진이었다. 그는 나와 마주앉자 약간의 흥분과 기대를 보이며 자기소개를 하기 시작했다.

"글쎄요… 먼저 뭐라고 얘기해야 할지…. 저는 평소에 인생에 대한 여러 가지 진지한 문제들에 대해 관심이 많은 편인데요…. 이런저런 책들을 보다가 《나는 환생을 믿지 않았다》를 읽었는데 그 내용이 마음에 많이 와닿았어요. 특별히 정신 수련을 위해 뭘 한 것은 없는데, 그냥 저는 회사를 다니면서도 언젠가는 성직자가 되어야 할 것 같은 막연한 생각이 늘 머릿속에 있고… 교회를 다니지만 별로 열심은 아니에요. 기독교 교리에서는 환생을 부정하는데, 저는 개인적으로 환생을 믿어요. 여러 번 살면 구원받을 기회도 더 많을 것 같은데, 예수를 모르던 지역의 사람을 기독교 국가에 태어나게 해서 가르친다면 그게 더 합리적일 것 같아요. 저는 특별히 큰 문제는 없지만 몇 가지 이해 안 되는 부분이 있어요. 꿈에서 미리 일어날 일을 보는 경우가 가끔 있고, 그게 잘 맞는 편이에요…. 아버지는 돌아가셨고, 어머니와 여동생과 함께 살아요. 동생한테 잘해주려고 하는데 걔가 자꾸 미운 짓을 해서 죽겠어요…. 또 한 가지, 성직을 동경해 왔다는 것 외에, 어려서부터 저는 중국을 무척 싫어했어요. 중국 생각을 하면 왠지 무섭고 혐오스러운데 이유를 모르겠어요. 나이를 먹을수록 더 싫어지는데, 내년에는 중국 출장이 있어 사실 좀 걱정이 되네요…. 저희 어머니는 간섭이 지나치셔서, 어머니 때문에 못한 일이 정말 많아요. 참 희생적인 분인데 좀 부담스러워요…. 어딘가를 가면 꼭 전에 와본 듯한 느낌이 드는 경우도 자주 있고… 성적인 충동을 참다 보면 제가 여자 같은 느낌이 드는 때도 있어요."

그는 이외에도 자신이 꾸었던 꿈 얘기를 두어 가지 해주었고, 나는 최면 기법의 기본 원리와 사람들이 최면에 대해 갖는 오해에 대해 설명해주고 처음부터 지나친 기대를 하지 말 것을 주의시켰다.

기본적인 자기최면을 가르치고 피암시성을 보기 위해 치료실로 자리를 옮겼다. 뒤로 깊숙이 젖혀지는 의자에 편안한 자세로 앉힌 다음 긴장을 풀게 하고 근육을 이완시키면서 최면 유도에 들어갔다. 반응이 좋은 편이어서 그대로 최면 상태를 좀 더 깊게 하여 전생으로의 퇴행을 시도해보았다. 그 이후의 상황은 다음과 같다. 편의상 최면 시술을 하는 나를 '김'으로, 원종진 환자를 '원'으로 표기한다. 자세한 최면 유도 과정과 지시 내용들은 지면 관계상 생략한다.

김 : 주위에 보이는 것이 있습니까?
원 : (작고 떨리는 목소리로) 전쟁터입니다…. 저는 두려움에 떨고 있습니다.
김 : 어떤 옷을 입고 있나요?
원 : 저는 여잡니다…. 제 이름은 순례… 스물세 살입니다…. 옷이 다 찢어지고 더럽습니다….
김 : 보이는 것들을 얘기하세요.
원 : (다급하고 겁먹은 목소리로) 건물이 불타고 있고 주위는 황량합니다…. 시체는 없는데… 청나라 병사 두 명이 나를 바라보고 있습니다…. 무너진 건물들이 보이고… 무섭습니다…. 저는 아기를 데리고 있는데… 곧 능욕당할 것 같습니다…. (숨이 거칠어지며 진땀을 흘림)
김 : 긴장을 풀고 그 장면을 떠납니다. 다음의 중요한 장면으로 가봅니다.
원 : (다시 안정된 목소리로) 결혼식입니다…. 열여섯 살입니다…. 나는 원래 성이 없고, 남편은 박칠갑이란 사람인데… 열일곱 살입니다. 나는 남의 성을 빌려 썼습니다.

김 : 보이는 것들을 말해보세요.

원 : 주위에 일가친척이 많습니다…. 저는 신부복을 입고 족두리를 쓰고 있는데… 키는 150센티 정도고 예쁜 편입니다…. 별로 결혼을 원하지 않았지만 부모님의 결정을 따랐습니다…. 신랑은 키가 크고, 잘생기지는 않았지만 아주 씩씩하고 믿음직하게 생겼습니다…. 그 신랑은 서른일곱 살에 죽었습니다.

김 : 결혼식 때의 기분이 어떤가요?

원 : 행복합니다….

김 : 다음 장면으로 가십시오.

원 : …결혼 후 시어머니는 자식을 못 낳는다고 구박을 많이 하셨는데… 저는 2년 후에 딸 둘을 차례로 낳았습니다…. 한 아이는 전쟁터에서 죽었구요…. 죽은 아이가 제가 전쟁터에서 같이 있던 아입니다….

김 : 다른 한 아이는 어디 있나요?

원 : 집에 있습니다….

김 : 그 생애에서 다음의 중요한 사건으로 갑니다.

원 : 제가 중이 되어 있습니다…. 해안가의 절인데… 저는 비구니입니다….

김 : 몇 살인가요?

원 : 스물일곱 살입니다….

김 : 왜 중이 되었나요?

원 : …저는 청나라 병사들에게 능욕당한 후… 화냥년이란 소리를

동네에서 들었고… 결국 집을 나오게 되었습니다….

김 : 절 이름이 뭡니까?

원 : 물고기 어(魚)자가 들어가고, 장기말에 있는 초(楚)자가 크게 보입니다….

김 : 그때의 마음은 어떻습니까?

원 : 가족을 잊으려 하지만 잘 안 됩니다…. 모든 것을 포기하고 체념한 마음인데… 괴롭습니다….

김 : 법명은 뭡니까?

원 : …유심입니다….

김 : 이제 그 생애의 죽음의 순간으로 갑니다…. 뭐가 보입니까?

원 : …암자의 작은 방입니다…. 저는 누워 있습니다…. 주위에는 비구니 세 명이 앉아 있습니다….

김 : 몇 살입니까?

원 : 예순여덟입니다….

김 : 병이 있었나요?

원 : …심장병입니다…. 30대 나이의 비구니와 더 젊은 비구니 둘이 있는데, 30대의 비구니가 울고 있습니다…. 그는 현재 저와 같이 근무하는 박정식입니다…. 울 일이 아닌데 울고 있군요…. (담담한 목소리로) 저는 마음이 무척 편합니다…. 제 모습은 아주 초췌한 노인입니다….

김 : 죽음의 순간으로 가보세요.

원 : …캄캄합니다…. 다시 밝아졌고… 저는 방 안에 떠 있습니

다…. 내 육신이 보이고, 비구니들이 울고 있습니다…. 이제 방 밖으로 나왔습니다….

김 : 뭐가 보이나요?

원 : …푸른 하늘이 보이고, 밝은 빛줄기가 보입니다…. 그 빛을 따라갑니다….

김 : 그 빛을 따라가면서 보이는 것을 얘기해보세요.

원 : …그 생애에서 해야 했던 일들이 떠오릅니다…. (안타까운 목소리로) 수행을 더 했어야 했는데, 제 자신의 좌절로 인해 주저앉아버려, 남을 돕지 못했습니다…. 저를 능욕한 청나라 병사들의 영혼은 참으로 불쌍합니다…. (눈물을 흘리며 몹시 괴로운 얼굴로) 나는 더 큰 수행과 깨달음을 가르쳤어야 하는데, 제대로 못했습니다…. 더 상승하지 못했습니다…. (감정이 격해지며 흐느껴 움)

김 : 마음을 가라앉히고 이제 돌아갑니다…. (현재로 돌아온 후 각성시킴)

그는 자책과 후회의 감정을 무척 강하게 보였고, 현재로 돌아와 최면에서 깨어나기 전 퇴행에서 보았던 두 딸 중 하나가 현생에서의 어머니이며, 자신을 해친 두 명의 청나라 병사들은 같은 직장의 두 동료라고 했다. 깨어난 후 그의 표정은 가관이었다. 망치로 머리를 한 대 맞은 것처럼 놀라고 어리둥절하여 자신이 보고 느낀 것들에 대해 완전히 믿기가 어렵다고 했다. 다음 약속을 정하고 그는 착잡한 표정으로 돌아갔다.

그를 보낸 후 녹음된 테이프를 정리하면서, 상황에 따라 변화하는 그의 목소리 톤과 강렬한 감정들을 다시 한번 확인할 수 있었다. 전생으로의 퇴행이 성공했을 때, 사람들은 이 경우처럼 그 생애에서의 강렬하고 충격적인 기억 속으로 곧바로 들어가는 경우가 많다. 그 이유는 아마도 그 사건의 기억 속에 그만큼 강한 감정적 에너지가 축적되어 있기 때문일 것이다. 전생퇴행에서 회상해낸 것들이 과연 그 사람만이 가지고 있는 개인적 기억인가에 대해, 또 환상이나 환각이 아닐까 하는 것에 대해 많은 사람이 의혹을 제기할 수 있다. 나 역시 논리적이고 과학적인 사고에 익숙한 사람이라 그런 의문은 당연한 것이었다.

정신질환자들이 보이는 환각 증상들은 환자의 회복에 도움을 주는 일이 없다. 환각 증상과 복잡한 사고 장애를 같이 가지고 있는 급성 조현병 환자를 치료할 때 언제나 약물치료에 먼저 반응하는 것은 환각 증상이다. 환자들의 환각은 대개 두렵거나 지리멸렬하여 일관된 스토리를 읽을 수 없다. 그러나 전생퇴행을 통해 현재 문제들의 근원을 알게 된 사람들은 그 증상이나 문제의 극적인 호전을 경험하게 되는데, 이것은 정신분석적 면담 치료 중 잊고 있던 어떤 기억을 떠올리게 되면 그 기억과 현재 증상 사이의 연관성을 이해하게 되고 그 결과로 증상이 호전을 보이는 경우와 같은 것이다. 다시 말해 전생퇴행은 현재에도 쓰이는 최면분석의 연령퇴행 방법을 연장하여, 태어나기 이전의 더 먼 과거로 돌아간다는 점만이 다를 뿐이다. 칼 융(Carl Jung)이 주장하는 집단무의식 이론은 각각의 집단마다 공통된 경험과 문화를 배경으로 형성된 공동의 기억창고가 있고, 그 집단의 구성원은 누구나 그 창고에서 기억들을 꺼낼 수 있다는 이론이다. 그러나 전생퇴행을 통한 기억 재생은 너무나 개인적이고 생생하며, 그 기억들을 따라 조사를 해보았을 때 실제로 그러한 인물이 그 시간 그 장소에 살았었고 사소한 사실들도 일치하고 있음을 확인한 예가 꽤 많이 있다. 또한 전생의 기억 내용을 보면 그 사람의 현재 성격이나 특별한 재능, 약점들도 이해할 수 있는 경우가 많다. 이 환자도 처음 경험한 퇴행이었지만, 중국에 대한 막연한 두려움과 혐오의 원인이라고 생각되는 장면을 기억해냈고, 전생에서 어릴 때 두고 떠났던 딸이 현생의 어머니로 다시 태어나 심한 간섭과 강한 집착을 보이며 환자에게 부담을 주고 있다고 생각하게 되었다.

이것은 아마도 전생에서 버림받았던 딸로서의 아픈 기억을 잠재의식 속에 가지고 있기에, 지금은 자식이 된 전생의 어머니가 이번에도 자기를 떠나지 않을까 하는 막연한 두려움을 느끼기 때문으로 보인다. 이 환자는 어릴 때부터 불교 자체에는 관심이 많았지만 절에 가면 늘 마음이 편치 않았다고 한다. 어쩔 수 없이 가족과 떨어져 자의반 타의반으로 구도 생활을 했던 한 많은 비구니에게 절은 마음의 안식처만은 아니었을 것이다. 자신에게 큰 상처를 줬던 두 사람을 한 직장에서 다시 만났고, 같은 절에서 지냈던 비구니를 역시 직장에서 다시 만났다. 이것은 이들이 환자와의 관계에서 청산해야 할 어떤 업이 남아 있기 때문일 것이다.

두 번째 만남
스페인과 인도에서의 삶

두 번째 퇴행에 앞서 그는 지난 시간에 대한 자신의 간단한 감상을 이야기했다.

"정말 신기한데요…. 가만히 따져보니까 중국의 과거 많은 나라 중에서 청나라를 유독 기분 나쁘게 생각했었어요…. 내가 여자였다는 사실이, 성적 충동을 참을 때 나타나는 묘한 기분에 대한 설명도 되구요. 그렇지만 내가 만들어낸 상상이 아닌가 하는 생각도 들어요. 한마디로 아직 잘 모르겠습니다…. 성직이나 구도에 대한 제 관심도 그런 이유가 있었다면 설명이 될 것 같습니다."

치료실로 자리를 옮긴 뒤 찾아낸 두 번째 생애는 14세기의 스페인이 무대였다.

김 : 보이는 것을 말해보세요.

원 : …성벽이 보입니다…. 오래 된 성벽 같습니다…. 저는 군인입니다…. 원래는 농민인데 전쟁 때문에 동원되었습니다….

김 : 자기 모습을 말해보세요.

원 : 쇠로 된 모자와 가슴받이를 하고 있습니다…. 신발은 아주 조잡한 것입니다…. 창을 들고 군인들 속에 있습니다.

김 : 이름과 나이는요?

원 : …저는 스물세 살이고… 호세 마르티네스가 제 이름입니다…. 지금 무척 두렵고 설렙니다…. (흥분을 억제한 떨리는 목소리로) 저는 평범한 농부인데 전쟁을 해야 합니다.

김 : 몇 년도인가요?

원 : …1,3,3,8이라는 숫자가 눈앞에 보입니다…. 1338년인 것 같습니다.

김 : 그 지방의 이름이 뭡니까?

원 : …카스티야….

김 : 누구와의 전쟁입니까?

원 : 이슬람과의 전쟁입니다….

김 : 지휘관의 이름은요?

원 : …미구엘입니다….

김 : 그는 장군인가요?

원 : …카스티야 영주의 기사입니다….

김 : 다른 장면으로 가보세요. 더 어릴 때로…. 뭐가 보입니까?

원 : …저는 다섯 살입니다…. 친구들과 수도사님이 지나가셔서 우리가 인사했습니다….

김 : 어떤 수도사님인가요?

원 : 미첼 수도사님인데… 뚱뚱한 분입니다….

김 : 가족은 누가 있습니까?

원 : 부모님과 남동생, 여동생입니다….

김 : 어머니 이름은 뭔가요?

원 : …마리아 가르타…. 여동생은 소피아….

김 : 가족이 모여 있는 장면으로 가보세요.

원 : 식사 중입니다…. 아버지는 식탁 맞은편에 계신데, 농부입니다…. 덩치가 크고 턱수염이 많습니다….

김 : 집과, 다른 보이는 것을 얘기해보세요.

원 : 아주 가난한 농가입니다…. 보통의 가정인데, 초라합니다…. 불이 켜져 있고, 거친 나무 탁자에 앉아서… 뭔가 삶은 것을 먹고 있고, 다른 요리는 없습니다….

김 : 어머니는 어떤 분이죠?

원 : 말이 없고 조용한 분입니다…. 행복한 분위기입니다….

김 : 다음의 중요한 장면으로 가봅니다.

원 : …성벽이 보이는 숲 근처에 제가 앉아 있습니다…. 저는 열여섯 살인데… 제가 좋아했던 사람과 앉아 있습니다….

김 : 마을 친구인가요?

원 : 네…. 이름은 안나이고, 열세 살입니다….

김 : 그때의 기분은 어떻습니까?

원 : 행복합니다….

김 : 어떤 얘기들을 나누나요?

원 : …그냥 사소하고 평범한 얘기들을 합니다…. 안나도 절 좋아합니다….

김 : 또 다음 장면으로 갑니다.

원 : (다급하게) 아까 본 그 전쟁터에서 저는 다리 한쪽이 잘렸습니다…. 무릎 위를 칼에 찔렸습니다….

김 : 많이 고통스러운가요?

원 : 그렇지는 않습니다.

김 : 그 전쟁의 결과는 어떻게 되었나요?

원 : 우리가 이겼습니다…. 왜 이런 전쟁을 해야 하는지 모르겠습니다….

김 : 또 다른 사건으로 가보세요.

원 : 성당 안에 있습니다…. 미사 중입니다…. 교회 안에 사람이 많습니다….

김 : 모두 섞여 앉아 있나요?

원 : 아닙니다…. 귀족들은 앞에 앉고, 우리 평민들은 뒤에 앉아 있습니다. 저는 열여섯 살인데… 미사에 몰두하지 않고 안나와 서로를, 어른들 몰래 바라보고 있습니다…. 가운데에 복도가 있고, 저는 오른쪽에, 안나는 왼쪽 뒤에 앉아 있습니다….

김 : 그때의 기분은 어떤가요?

원 : (행복한 표정으로) 뿌듯합니다….

김 : 또 다른 장면으로 갑니다.

원 : …저는 잘린 다리에 나무를 깎아 대고 농사를 짓고 있습니다.

김 : 가족은 누가 있나요?

원 : 딸 하나와 아내가 있습니다….

김 : 아내는 안나입니까?

원 : …잘 모르겠습니다….

김 : 아내의 얼굴을 떠올려보세요.

원 : …제가 사랑했던 사람이 아닙니다.

김 : 아내 이름은요?

원 : 마르타….

김 : 당신은 그때 몇 살인가요?

원 : 서른여섯입니다….

김 : 행복하지 않은가요?

원 : 네….

김 : 안나와는 왜 헤어졌나요?

원 : 부모가 정한 데로 갔는데… 안나는 시집을 안 가고 영주의 집에 하녀로 들어갔습니다….

김 : 안나는 예뻤나요?

원 : (안타까운 듯) 제게는 아름다웠지만, 뛰어난 미인은 아닙니다….

김 : 몇 살에 헤어졌습니까?

원 : 제가 스물다섯 살 때입니다.

김 : 전쟁에서 다리를 잃은 것이 원인인가요?

원 : …그것보다는… 영주의 힘이 너무 강했습니다…. 안나의 집은 무척 가난해서 보낼 수밖에 없었습니다….

김 : 현재의 아내는 어떻게 만났나요?

원 : 떠돌이 집시인데 정착해서 저와 살게 되었습니다….

김 : 다리를 잃고 마음이 많이 상했나요?

원 : …체념했습니다…. 그렇지만 다리를 잃은 것이 큰 장애는 되지 않습니다….

김 : 전쟁으로 마음도 피폐해졌나요?

원 : 아뇨.

김 : 무엇이 가장 힘들었습니까?

원 : 저는 많은 것을 생각하는 사람이었는데… 욕심이 적었고 진지한 삶을 추구했습니다…. 배운 게 적어서 말은 없었지만, 가장 중요한 것에 대해 계속 생각하면서 살았습니다….

김 : 무엇이 가장 중요한 것입니까?

원 : …다른 사람을 잘되게 하는 것입니다.

김 : 그때 부모님은 살아계셨나요?

원 : …부모님은 돌아가셨고… 여동생은 먼 곳으로 시집을 갔습니다….

김 : 당신이 사는 마을의 이름은 뭡니까?

원 : …계속 그곳에서 살았습니다…. 미뇽… 그와 비슷한 이름입니다….

김 : 다른 장면으로 가봅니다.

원 : …지금 죽을 것 같습니다….

김 : 몇 살인가요?

원 : 쉰네 살입니다….

김 : 왜 죽게 된 거죠?

원 : 장이 좋지 않았습니다…. 원래 나빴습니다….

김 : 옆에 누가 있습니까?

원 : 아내가 있습니다….

김 : 아내를 사랑합니까?

원 : …네…. 안나 생각을 많이 했었지만, 아내를 사랑합니다….

김 : 딸은 어디 있나요?

원 : …결혼을 안 하고 같이 살았는데… 보이지 않습니다….

김 : 이제 죽음의 순간으로 갑니다.

원 : (깊은 한숨을 반복하고 잠시 후 다시 안정을 찾음) 천사가 보입니다…. 지금 막 죽었습니다…. 천사가 나를 기다리고 있습니다….

김 : 그 천사는 아는 얼굴인가요?

원 : …아닙니다….

김 : 보이는 것을 얘기해보세요.

원 : …저는 방 안에 있는데… 아내는 숨죽이며 울고 있습니다….

김 : 그때의 마음은 어떤가요?

원 : …아내에 대한 연민과, 새 삶에 대한 기대가 있습니다….

김 : 살아 있을 때 새 삶을 기대했었나요?

원 : …아뇨.

김 : 마음이 자유로운가요?

원 : …네…. 그러나 완전히 자유롭지는 않습니다…. 가져가지 못하는 것들 때문입니다….

김 : 그게 뭡니까?

원 : …참된 평화를 누리지 못했습니다….

김 : 참된 평화가 그 생애의 과제였나요?

원 : …지금 누군가가 제게 얘기를 하고 있습니다…. 참된 평화를 소유하라고 합니다….

김 : 당신은 지금 어디 있습니까?

원 : …하늘을 날고 있습니다….

김 : 그 생애에 대해 말해보십시오….

원 : …저는 제 의사표현을 한 번도 못 하고 살았습니다…. 늘 순종하는 사람이었고, 젊었을 때는 영주의 명령대로 살고 늙어서는 체념하고 살았습니다…. 제겐 평화가 없었습니다… 절망은 아니었지만…. 이 생애에서 배운 것이 있는데, 그것은 이 생애가 저의 물질적 생애의 마지막이고, 다음부터는 정신적인 생애가 됩니다…. 이 생애는 하나의 전환점입니다….

김 : 어떻게 압니까?

원 : …제 옆에서 목소리가 들려옵니다…. 목소리도 들리고 마음으로도 전달이 됩니다…. 이 생애 이후에 저는 정신적으로, 영적

으로 진화했습니다….

김 : 한 단계 도약인가요?

원 : (진지하게) 두 단계입니다…. 중요한 생애였습니다…. 이제 목소리가 안 들립니다….

김 : 잠시 휴식합니다….

두 번째로 기억한 생애는 지구 반대편의 스페인에서의 삶이었다. 윤회의 의문점 중 하나는, 같은 나라 문화권에서만 환생을 거듭하는 것인가 하는 점이다. 같은 지역이나 민족으로 거듭 태어나는 경우도 많지만 그것은 절대적인 법칙이 아니며, 영혼도 익숙한 분위기에 자연히 끌리는 경향이 있을 것이라고 보면 이해가 쉬울 것이다. 영혼의 경험과 성장을 위해 윤회한다면 다양한 삶의 형태와 모습을 체험하기 위해 여러 문화권에서 살아봐야 할 것이다. 내 환자들 역시 다른 문화권에서의 생애들을 자주 기억해낸다. 이 사실은 전생의 기억들이 조상에게서 물려받은 유전자 속에 기록되어 있는 것이 아님을 확인하게 해준다. 어떤 조상도 세대마다 다른 대륙을 넘나들 수는 없기에 여러 민족의 유전자들이 섞일 수는 없다. 각 생애의 기억이 서로 다른 문화권이라면 '집단 무의식'이라는 개념으로도 설명이 안 된다. 오로지 개인의 직접 경험이라고 인정하는 것만이 가장 논리적인 결론이다.

윤회의 개념을 받아들이는 것이 왜 어려운가? 부담스럽고 새로운 사실이기 때문이다. '업(業, 카르마Karma)'이라는 법칙에 따라 자신의 행동에 책임을 진다는 것은, 무책임한 인간의 수준을 뛰어넘는 고상하고 책임감 있는 이론일 것이다. 그 책임을 회피하고 빠져나가고 싶은 사람들은 윤회의 개념이 무척 마음에 걸릴 수 있다. 이를 받아들이면 삶에 대한 관점이 바뀌고, 목적과 지향이 있는 우리 각자의 생명의 의미를 알게 될 것이다. 받아들이려고 해도 우선 알아야 되고, 부정하려 해도 직접 따져봐야 한다. 확인할 수 있는 명백한 근거와 사실들에 따라 지구가 둥글다는 것을 내 의지와 상관없이 받아들인 것처럼, 나는 윤회 역시 이를 뒷받침하는 자료들을 근거로 인정할 수밖에 없었다.

종교전쟁에 휘말려 다리를 잃고, 사랑하는 사람과도 헤어져 희망 없이 살아가는 가난한 불구의 몸인 호세의 생애는 현실에서의 고통을 극복하기 위한 사색과 내적 평화의 추구를 강요했을 것이다. 소중한 것들을 상실하면 마음은 금방 죽을 것 같지만 생명은 특유의 강인함으로 그 존재를 앞으로 끌고 나간다. 삶과 죽음에 한 발씩을 디디고, 끊임없이 포기하고 싶은 마음을 이겨내면서 결국은 극복하는 것이다.

누구나 그런 좌절과 자기부정의 경험이 있을 것이다. 이런 고통을 견뎌내고 주저앉지 않을 때 우리는 성장하고 남들의 고통도 이해하게 되는 것이다. 호세는 살아 있을 때 그 지역의 종교였던 가톨릭의 신자였다. 당연히 윤회의 개념은 생각할 수 없었겠지만, 그는 자신의 죽음 직후 새 생명이 주어질 것이라는 사실을 깨달았다.

이것은 그의 영혼이 육체를 벗어났을 때, 스스로의 본질과 윤회에 대해 원래 가지고 있던 지식을 회복한 것이라고 생각된다. 최근 널리 알려지고 있는 임사체험자들의 경험을 보면, 살고 있는 문화권에 따라 죽음 후에 경험하는 세계의 모습에도 차이가 있음을 알 수 있다. 영혼의 세계는 상념의 세계라서 죽음 후에 일어날 일들에 대해 평소 상상하고 머릿속에 그렸던 내용들이 현실화되어 나타난다고 볼 수 있다. 또한 죽음 후에도 그 사람에게 익숙한 분위기를 그대로 경험하게 함으로써 갑작스런 환경 변화가 주는 충격을 줄이기 위한 배려라고도 볼 수 있다. 호세에게 들려온 목소리는 그를 안내하는 천사의 음성일 수도 있다. '물질적 삶의 마지막 단계'라는 가르침은 우리 영혼이 환생 속에서 배우고 발전해간다는 윤회의 기본 이론을 뒷받침하는 것이다. 상실과 좌절이라는 인간적 실패의 모습 속에서 살았지만 정신적으로는 많이 성장한 생애였다.

그는 깨어난 후 그 생애에서의 아내는 얼마 전 결혼할 뻔했다가 헤어진 사람이고, 부모님은 지금의 부모님 그대로라고 했다. 그 어머니는 '순례'의 삶에서는 딸로 만났고, 이번 생애에서는 어머니로 또 한번 만난 것이다.

전생퇴행에서 죽음의 체험은 아주 중요하다. 죽음의 고통과 원인들은 강력한 상념의 에너지로 변하여 영혼의 기억 속에 새겨지고, 그 강력한 감정은 다음 생애에서도 이유를 알 수 없는 두려움이나 불안의 형태로 나타날 수 있는 것이다. 이런 원인이 숨어 있다면 전생퇴행요법(전생요법) 이외 다른 종류의 치료로는 원인을 찾아 해결하기 어렵다. 전생에서의 죽음의 기억들이 공포증이 되어 나타난 예는 무척 많다. 물에 빠져 죽은 사람이 수영장이나 강을 두려워하고, 좁은 곳에 갇혀 굶주림과 탈진으로 죽은 사람은 어둡고 좁은 곳을 병적으로 싫어하게 된다. 절벽에서 떨어진 사람은 고소공포증을 보이기도 한다. 모든 공포증을 이런 식으로 바라봐서는 안 되지만, 기존의 여러 가지 치료로 해결되지 않은 공포증은 전생에 그 원인이 있을 수 있다는 말이다.

호세는 다리가 잘렸지만 고통을 느끼지는 않았다. 마치 영화를 보듯 격리된 채 그 장면을 바라보았기 때문이다. 그러나 그 상황을 직접 체험하며 심한 고통을 느끼는 환자들도 있다. 이런 경우에는 두려움과 긴장을 풀어주고 안정을 되찾을 수 있는 최면암시를 치료자가 해줘야 한다.

잠시 휴식한 후 우리는 세 번째 생애를 찾아 다시 떠났다.

김 : 지금 어디 있습니까?
원 : …지금은 15세기입니다…. 여기는 인도이고, 저는 거지입니다. 나이는 마흔아홉… 거지이지만 부끄럽지 않습니다…. 그 이유는, 남들이 알지 못하는 것들을 알고 있기 때문입니다….
김 : 자기 모습을 얘기해보세요.
원 : …아주 말랐고 남루합니다…. 그렇지만 눈빛은 초롱초롱합니다….
김 : 가족이 있나요?
원 : …없습니다…. 저는 젊었을 때 가출했습니다…. 원래 우리 집은 대가족으로, 인도의 귀족입니다.
김 : 이름은 뭐죠?
원 : …샨티그라… 그 비슷한 이름입니다…. 저는 벵골 지방 출신

입니다….

김 : 부모님에 대해 얘기해보세요.

원 : …우리 집은 지방 호족인데, 막강한 권력을 가졌습니다…. 저는 아버지의 권모술수가 싫어서 떠났습니다…. 저를 정략결혼 시키려 했지만 거부했습니다….

김 : 아버지의 이름은?

원 : …갈…자로 시작되는 이름입니다.

김 : 몇 살에 가출했나요?

원 : …스물다섯 살 때입니다…. 미혼이었고, 집에는 어머니와 많은 친척이 있었습니다…. 집에는 늘 사람들이 들끓었고… 이복동생들도 많았습니다.

김 : 살던 집은 어떻게 생겼나요?

원 : …엄청난 부와 사치를 나타내는 집입니다.

김 : 왜 가출을 했습니까?

원 : …저는 아버지를 만족시키지 못하는 자식이었습니다…. 아버지는 자기 권력을 제게 넘기려고 했는데요….

김 : 성격이 서로 달랐나요?

원 : …아버지의 뜻을 따르려면 사람들을 죽여야 하는데, 그럴 수 없었습니다…. 저는 시와 꽃을 사랑했습니다.

김 : 다른 형제들은 어땠나요?

원 : …둘째 동생이 제 자리를 노렸습니다….

김 : 그의 이름은 뭐죠?

원 : …사만타… 사만타입니다….

김 : 그때는 몇 년도인가요?

원 : …15세기 중반입니다.

김 : 그 당시의 사회에 대해 말해주세요.

원 : …부자들은 엄청난 부를 누렸지만… 가난뱅이들은 아주 못살았습니다…. 저는 사회에 대해 관심도 없었고 제 자신의 수행에만 관심이 많았습니다….

김 : 집을 나온 후 줄곧 거지였나요?

원 : …그렇습니다.

김 : 수행과 공부를 위해 뭘 했나요?

원 : …히말라야의 성자들도 찾아가 만났고, 여러 사람으로부터 배웠습니다.

김 : 다음의 중요한 장면으로 가봅니다.

원 : (갑자기 목소리가 낮아지고 엄숙해짐) 제 수행에 대해 만족하지 못하는 부분들이 있습니다…. 그것은 너무 나만을 위한 수행이었다는 겁니다…. 다른 사람들에게는 하나도 도움이 되지 못했습니다…. 결국 지난 삶들이 저를 평화롭게 한 게 아니라, 오히려 종교와 수행 생활이 제 영혼을 속박했던 것입니다…. 그러나 참진리는 자기만족이 아니라, 내 삶을 나눔으로써 많은 사람의 유익을 구하는 것입니다….

김 : 아까 들리던 그 목소리가 들립니까?

원 : …외부에서 들려오는 소립니다….

김 : 지금 어디에 있습니까?

원 : …계속 거지의 모습을 보고 있습니다…. 예순이 넘었습니다….

김 : 그 목소리가 거지에 대해 얘기하는 겁니까?

원 : …아닙니다…. 지금 누군가 제게 가르쳐주고 있습니다….

김 : 들어보십시오.

원 : (낮고 엄숙한 목소리로) 많은 사람이 종교를 통해 만족을 추구하지만, 오히려 그것은 자기를 속박하고 자기와 관계 맺는 사람들을 어렵게 할 뿐입니다. 참된 진리 탐구의 목적은, 그것을 통해 얼마나 많은 사람이 함께 발전하고 그 영혼들이 정화되느냐에 달려 있습니다…. 영혼을 맑게 해주지 못하는 수행은 자신을 치장하는 요란하고 많은 치장물과도 같으며, 돈 많은 여자들이 허영으로 치장하듯이 자기를 꾸미는 것과 다를 바가 없습니다. 더욱더 위험한 것은, 허영에 찌든 사람들은 누가 그것을 가르쳐줄 수 있지만 정신적인 허영은 아무도 지적해주지 못한다는 점입니다…. 그러므로 자기 영혼이 피폐해지는 줄도 모르면서 병들어 죽어가게 됩니다…. 그러나 아무도 그가 썩어가고 있는 것을 모릅니다. 참된 수행의 길은 내재된 자신의 깨달음으로 섬기고 돕고 많은 사람이 사는 길을 갈 수 있도록 지원해주는 것입니다. 예수의 가르침은 참진리의 길이라는 것을 말하고 싶습니다…. 수행에서 가장 중요한 것은 희생입니다…. 도(道)의 완성은 사랑인데… 사랑의 전제는 희생이기 때문입니다. 희생하

십시오. 희생의 모습이 남들 보기에 파계의 모습으로 나타날 수도 있고, 이단의 모습으로 나타날 수도 있고, 예상치 못한 모습으로 나타날 수도 있지만…. 희생하십시오…. 희생이 있은 후에야 사랑이 있습니다…. 사랑을 행하는 자만이 도를 이룬 자입니다. 그것을 알지 못하고 행하는 모든 노력은 허공을 울리는 메아리와 같습니다…. 아무런 열매가 없기 때문입니다…. 이 사람(원종진을 가리킴)의 생애도 마찬가지가 될 것입니다. 많은 날을 반복했건만, 깨닫지 못하고 같은 굴레에 속하는 것은 진정으로 섬기는 것이 약했기 때문입니다…. 행하지 않았다는 것이지요…. (잠시 침묵 후) 희생해야 합니다…. 그것들이 이루어질 때 우리의 영혼은 보다 자유로워질 것입니다…. (본래 목소리로 돌아와서) 여기서 말이 그쳤습니다.

김 : 지금 보이는 것이 있나요?

원 : …제 모습이 보이지 않습니다….

김 : 그대로 긴장을 풀고 휴식합니다….

잠시 후 그를 깨웠을 때, 최면 상태에서 들려오던 목소리들에 대해 이렇게 말했다.

"또렷하게 들리는 목소리이고, 말과 함께 가슴으로도 그 내용들이 전달됩니다…. 텔레파시라고 할까요. 그 말의 내용에 따라 아주 강렬한 느낌과 영상이 떠오르기도 합니다…. 부드럽고 친근하지만 무게 있는 목소립니다…. 어떤 영적으로 높은 존재가 가르침을 주고 있다는 느낌이 들었습니다."

병적인 환청은 이런 식으로 들리지 않는다. 단편적이고 지리멸렬한 내용이 두서없이 지속되고 내용도 부정적이다. 그러나 이 목소리는 상황에 대한 설명과 그 속에 있는 교훈의 의미를 해설해주고 있었다. 이것은 브라이언 와이스가 묘사했던 '마스터(Master)'라는 영적 존재의 목소리와 같은 것이었다. '마스터'라는 말은 우리말도 아니고 공식 명칭도 아니므로 나는 앞으로 이들을 '지혜의 목소리' 혹은 줄여서 '목소리'라고 부르겠다. 무슨 이름으로 부르건 이들은 초월적인 영적 존재들로 생각되며, 성경에서 묘사한 천사의 음성도 바로 이들을 말하는 것으로 추정된다. 이들은 진보된 영적 지혜로 우리 영혼의 성장을 이끌어주고 지도해주는 역할을 한다고 볼 수 있다. 흔히 말하는 수호천사나 수호령이라는 존재와는 다른 것으로 보인다.

인도에서의 삶은 진지한 것이었지만 자기수행과 깨달음만으로는 부족하다고 말하고 있다. 자기만을 위한 모든 수행과 노력은 아무 열매가 없는 공허한 것이라는 얘기는, '중생 구제'를 추구하는 대승불교나 '이웃을 사랑하라.'는 예수의 가르침과 다를 바가 없다. 이 환자가 기독교인이기 때문에 그런 말을 꾸며서 하고 예수를 찬양하는 것이 아닌가 하는 생각도 해볼 수 있지만 '교리나 종파에 얽매이지 말고, 이해받지 못한다 해도 희생해야 한다'는 말은 일반 교회의 가르침과는 거리가 있다.

14세기 스페인에서의 삶이 물질적인 것에 치우친 마지막 삶이라는 말은, 곧이어 이어졌을지 모르는 인도에서의 삶에서 정신적 추구를 위해 가출하는 경험으로 나타났을 것으로 볼 수 있다. 그러나 이기적인 수행의 한계를 뛰어넘지 못해 더 이상의 성장은 할 수 없었고, 그 생애가 끝난 뒤에야 그 사실을 깨닫게 되었다. 이것은 반복되는 삶에서 시행착오를 통해 배우고 자라는 것이 영혼의 의무라는 윤회사상을 다시 한번 뒷받침한다. 현대의 종교들은 좋은 가르침도 주지만, 사람들의 본능적 교만과 배타성에 오염된 부분도 적지 않다. 내가 속한 종파가 아니고는 모두 지옥에 가는 것이 정의라고 생각하는 사람들이 있다면 그들은 참종교인이 아니라 파벌주의자이며 지독한 이기주의자들이다. 세월이 갈수록 많은 사람이 기존 종교에 실망하여 뭔가 다른 것을 찾으려고 하는 이유는, 종교인들의 실제 생활에서 사랑과 진리의 모습이 아니라 모순과 거짓의 그림자를 자주 보기 때문이다. 지혜의 목소리들은 이런 종류의 신앙을 '겉만 요란한 장식물'이라고 하면서 '진정한 수행은 바로 남들의 성장을 도와주기 위한 희생'이라고 말했다.

세 번째 만남

조선, 고구려, 스코틀랜드에서의
삶과 깨달음

두 번째 퇴행 후 일주일이 지나 우리는 다시 마주 앉았다. 지난 한 주일 동안 생각한 것들을 그는 이렇게 말했다.

"이 과정을 통해 많은 것을 배우는 것 같습니다…. 살아가는 방식이 참 중요하다는 생각이 들고, 지위나 재산은 아무것도 아니라는 생각이 들었어요…. 이 생애에서 해야 될 일에 충실한 것이 중요합니다…. 제 종교 생활에서는 적극적인 행동이 가장 중요하다는 생각이 듭니다. 제가 환생을 믿는다면 교회 사람들은 말리겠지만, 언젠가는 그 사람들도 이해하게 될 겁니다…. 사람의 영혼의 질은 서로 차이가 있다는 생각이 들고, 소위 잘나가는 사람들도 영혼이 어리거나 피폐한 사람이 많고, 눈에는 안 띄지만 높은 영혼을 가진 사람들이 있다는 생각이 듭니다…. 스페인 역사와 지도도 찾아봤는데, 카스티야라는 지명이 있었습니다. 저는 지리에 관심이 없어 잘 모르던 이름인데요…."

퇴행 후에 보이던 반신반의하던 표정과 불안정한 태도는 일주일 사이에 완전히 없어졌고, 뭐라고 이름 지을 수 없는 변화가 느껴졌다. 전생퇴행을 유도할 때 특별히 목적하는 생애로 유도하는 방법도 있지만, 나는 환자의 내면이 선택하는 대로 따라다니기로 마음먹었다.

네 번째 생애는 조선 시대가 배경이었다.

김 : 어디에 있습니까?

원 : …냇가에 있습니다….

김 : 뭘 하고 있나요?

원 : 빨래를 하고 있습니다…. 딴 아낙네들도 있구요….

김 : 이름이 뭔가요?

원 : …곱단이라고 합니다….

김 : 몇 년도 인가요?

원 : 1631년, 분명히 떠오릅니다….

김 : 어떤 계절인가요?

원 : 봄에서 여름으로 넘어가는 때…군요….

김 : 마음은 어떤 상태인가요?

원 : 나쁘지는 않고… 좋은 편입니다…. 무심히 빨래를 하고 있습니다….

김 : 그 생애의 중요한 시점으로 가봅시다.

원 : …저는 열여덟 살에 같은 집에 있던 남자 종과 결혼했습니다….

김 : 신분이 종인가요?

원 : 네.

김 : 어떤 모습인가요?

원 : …이쁜 편입니다….

김 : 부모님은 어디 사십니까?

원 : …저는 대물림하는 종이라, 그 집에 같이 살고 있습니다.

김 : 결혼한 남자 종은 이름이 뭡니까?

원 : …돌쇠라고 합니다….

김 : 앞으로 진행하여 다음의 중요한 사건으로 갑니다…. 무엇이 보입니까?

원 : …노인의 모습입니다…. 예순두 살입니다….

김 : 다른 가족이 보입니까?

원 : …아들 내외가 있고… 손자가 둘 있는데요…. 주인이 우리가 나가서 살 수 있도록 내준 땅에서 농사를 부쳐먹고 있습니다…. 우리 주인은, 남편이 마흔넷에 돌아가셨구요….

김 : 그곳은 어느 지방인가요?

원 : 경상도 땅입니다….

김 : 경상도 어디입니까?

원 : …합천인지 의령인지… 잘 모르겠습니다….

김 : 그 삶은 평화롭고 평범한 생애인가요…?

원 : (기다렸다는 듯 즉시) 쉬어가는 생애입니다….

김 : 목적이 쉬는 것이었습니까?

원 : 네….

김 : 평생 힘든 일이 없었나요?

원 : 일이 그렇게 힘들지 않았습니다…. 너무 평범한 삶입니다….

김 : 죽음의 순간으로 가봅니다….

원 : (긴장한 표정으로) 예순셋입니다…. 높은 곳에서 떨어져 죽었습니다.

김 : 왜 떨어졌나요?

원 : …발을 헛디뎠어요….

김 : 무얼 하다 그랬나요?

원 : …산에서 나물을 캐다가요….

김 : 몸은 건강했었나요?

원 : 네… 제 장례가 치러지고 있네요…. 흰 상여가 보이구요…. 조그마한 비탈에다 저를 묻고 있군요…. 가족들이 슬퍼하고 있습니다….

김 : 지금은 어디에 있나요?

원 : 잘 모르겠습니다….

김 : 긴장을 풀고 휴식합니다….

쉬어가는 생애, 별다른 갈등과 불행 없이 평온하고 안락한 생애가 있다는 사실은 참 흥미로운 일이다. 마치 학교의 방학처럼, 고달픈 생과 생의 사이에 긴장과 슬픔이 없는 삶이 있다는 것 또한 자비로운 신의 배려가 아닌가 싶다. 편안히 살았지만 뜻하지 않은 죽음을 갑작스럽게 당한 것은 우리 눈에 큰 불행으로 보이지만 더 큰 시각으로 볼 때 꼭 그렇지만은 않다고 할 수 있고, 마음 좋은 주인을 만나 신임을 얻고 따로 살 집과 땅까지 얻어 실제로는 종의 생활이라고 할 수 없을 만큼 자유로웠다고 나중에 회상했다. 우리 주변에서 만나는 갑작스럽거나 비극적인 사고사들이 나름대로 이유가 있다는 느낌을 받았다고 그는 말했다.

다섯 번째로 만난 그의 생애는 삼국시대의 고구려가 무대였다.

김 : 보이는 것을 말해보세요.

원 : …말이 보입니다…. 지금은… 623년, 고구려 시대입니다….

김 : 당신 모습은 어떤가요? 뭘 하고 있습니까?

원 : …저는 스무 살 전후의 청년입니다…. 고구려 귀족 중의 한 사람입니다…. 말타기와 사냥을 끝내고 귀가하는 중입니다….

김 : 이름이 뭔가요?

원 : …걸걸지….

김 : 혼자인가요?

원 : 친구와 같이 있는데… 그의 이름은 물흘내우….

김 : 네 글자의 이름인가요?

원 : 네.

김 : 그곳은 어디입니까?

원 : 지금의 함경도 쪽입니다…. 울창한 숲이 있습니다….

김 : 계절은 언제입니까?

원 : …늦봄입니다….

김 : 주위에 또 다른 사람들은 없나요?

원 : 저의 시종들이 여러 사람 있습니다….

김 : 사냥을 해서 뭘 잡았나요?

원 : 사냥을 많이 하지는 않았습니다…. 토끼 두 마리를 잡았고… 사냥 자체가 목적이었던 것이 아니고 친구와 교류하고 얘기를 나누는 목적이 더 컸습니다.

김 : 당신의 신분은 뭡니까?

원 : 저는 곧 벼슬을 맡게 될 사람입니다…. 아버님은 관직에 계십니다….

김 : 아버님의 성함은?

원 : …걸시부중….

김 : 벼슬 이름입니까?

원 : 성함입니다.

김 : 형제들이 있습니까?

원 : 삼형제와 여동생이 하나 있습니다…. 저는 둘째입니다.

김 : 지금 나라의 정세는 어떤가요?

원 : 그렇게 좋은 편이 아닙니다…. 지금 그 친구와 나라 정세를 얘기하고 있는데… 왕권이 무척 약화되어 있고… 귀족들이 좌지우지하고 있습니다…. 중국 쪽의 움직임과 당나라의 새로운 세력들… 또 변방의 세력들과의 관계가 상당히 우려되는 부분이

많습니다. 고구려의 기상이 다 무너져가고, 원래의 호국숭무(護國崇武) 사상이 많이 떨어졌습니다…. 귀족들은 자신의 영달에만 집착하고 있구요…. 요동 땅에 있는 한 성주가 좋지 못한 일을 해서… 자기 욕심을 채우려고 많은 죄를 지은 것이 화젯거리가 되고 있습니다….

김 : 그 성주의 이름은 뭡니까?

원 : …갈지거… 갈치거입니다.

김 : 가족들이 같이 있는 장면으로 갑시다…. 뭘 하고 있나요?

원 : 식사를 하고 있습니다…. 어머니와 가족들이 다 모였습니다.

김 : 아버지의 모습은 어떤가요?

원 : 집에서 입는 편한 옷으로 갈아입으시고, 조정에서 있었던 일들을 얘기해주고 계십니다…. 어머니는 엄격하고 기상이 강한 분입니다…. 아버지께 순종하십니다…. 형님은 결혼을 했고, 우리는 우애가 아주 좋습니다….

김 : 자신이 입고 있는 옷은 어떻게 생겼습니까?

원 : …비단으로 만들었고… 태권도복 같은 모양입니다.

김 : 옛날 그림에서 보던 고구려 옷인가요?

원 : 바로 그겁니다….

김 : 식탁에는 어떤 음식이 있나요?

원 : 나물 종류가 있고… 닭고기가 올라와 있습니다…. 과자류가 있고… 향기가 아주 좋은 술이 있습니다…. 이름을 알 수 없는 음식들이 많습니다…. 시중드는 사람들도 여럿입니다…. 상당

히 큰 집입니다.

김 : 집의 모습은 어떤가요?

원 : 늘 보던 한옥과는 다릅니다…. 집 안에 병사들이 있습니다…. 저희가 거느리는 사병(私兵)입니다…. 삼백 명 가량 됩니다…. 집은 마당이 아주 넓구요, 실제로 사람이 거주하는 면적은 그렇게 넓지 않습니다….

김 : 그 많은 병사들을 모두 관리하나요?

원 : 네…. 아버지께 속한 병사들이고, 아버지 외에는 충성을 바치지 않습니다….

김 : 아버지는 귀족 중에서 서열이 높은가요?

원 : 중요한 역할을 하고 계시지만… 실권은 적은 편입니다…. 내각에서의 장관과 같은 역할입니다…. 저의 아버지가 숙청을 당하시는 것 같습니다…. 네… 숙청을 당하셨습니다….

김 : 왜 숙청을 당하셨나요?

원 : 연개소문에게 밉게 보였습니다.

김 : 연개소문은 어떤 위치에 있나요?

원 : 지금은 두각을 나타내고 있진 않지만… 시간이 가면 권력을 장악합니다…. 지금은 아버지가 더 높은 자리에 있습니다….

김 : 더 앞으로 나아갑니다…. 시간이 앞으로 갑니다….

원 : (비참하고 안타까운 표정과 목소리로) 저의 가족이 완전히 파탄이 났고… 저는 칼에 찔렸는데… 죽은 것 같습니다…. 마당에 쓰러져 있는 제 모습이 보입니다….

김 : 몇 살 때인가요?

원 : 사십이 가까운 나이입니다….

김 : 그때도 같이 살았나요?

원 : 네, 모두 같이 살았습니다…. 제 아들이 둘 있습니다….

김 : 누가 습격을 했나요?

원 : 연개소문의 부하 중 한 사람인데… 참모 격에 해당하는 사람입니다….

김 : 그의 이름은?

원 : …막호지… 그런 이름입니다….

김 : 몇 년도입니까?

원 : 648년 같기도 하고… 650년과의 사이입니다….

김 : 가족이 모두 죽었나요?

원 : 네… 모두 죽었습니다…. 여동생은 시집가서 살았구요. 부모와 형제들은 죽고 아버지의 병사들은 모두 죽거나 흩어졌습니다….

김 : 왜 죽였나요?

원 : 연개소문은 자기 권력을 강화하려고 했고, 아버지는 반대하는 입장이었습니다…. 정치적 라이벌은 아니었지만 반대 진영에 속했고, 아버지는 신망을 얻는 사람이었습니다…. 저는 아버지를 존경했습니다….

김 : 당신은 어떻게 죽었나요?

원 : 등을 칼에 찔렸습니다….

김 : 당신의 벼슬 이름은 뭔가요?

원 : …대리지….

김 : 어떤 일을 하나요?

원 : 지금의 총무처와 재무부를 합친 것 같은 부서인데, 그렇게 높은 자리는 아니고 중간 정도의 자리입니다….

김 : 아내도 죽었나요?

원 : 네.

김 : 당시의 고구려 영토는 어디입니까?

원 : (분명하고 자랑스러운 목소리로) 중국 대륙을 많이 차지하고 있었습니다…. 우리 경계로부터 주변의 말갈족이라든가 다른 족속은 관리가 힘들었기 때문에 우리가 정복하지 않았고… 실제로 그쪽은 우리 영토나 다름이 없었기 때문에… 엄청나게 넓은, 당나라보다 넓은 세력권이었습니다…. 영토는 당나라보다 작았지만 세력권은 훨씬 강했습니다…. 관리에도 자신이 있었습니다….

김 : 그 생애에서 당신이 배워야 할 것들은 무엇인가요?

원 : …소유에 집착하지 말 것입니다…. 지위와 같은 것들이 행복에 큰 도움이 되지 않는다는 것입니다…. 욕심이 많지는 않았지만… 사회에서 존귀한 지위라는 것이 큰 의미는 없었던 것 같습니다….

김 : 습격에 대한 느낌은 어떤 것인가요?

원 : 올 것이 왔다는 기분입니다.

김 : 오래전부터 불안했나요?

원 : 늘 긴장된 관계였습니다….

김 : 이제 그 삶을 떠납니다…. 모든 장면을 지우고 편안하게 휴식합니다….

우리나라 역사 중 고구려에 대한 기록은 별로 남아 있지 않다. 근세사를 제외하고는 많은 자료가 소실되었기 때문이다. 전생퇴행이 되살려낸 기억을 역사학자들이 인정해주지는 않겠지만, 우리는 이 생애에서 당시 귀족들이 각자 사병을 기르며 막강한 권력을 누리는 생활을 했음을 알 수 있다. 진보사관을 가진 역사학자들이 주장하는 대로 고구려의 영토는 중국 본토의 많은 부분을 포함했으며 당나라보다 더 큰 세력권을 형성하고 있었다고 그는 기억했다. 깨어난 후의 설명에 따르면, 당나라의 북쪽부터 서역까지 이르는 기다란 지역에 부분적인 거점 세력들이 점조직처럼 분포되어 있어서 당나라의 세력이 팽창하는 것을 막고 있었다고 한다.

또한 큰 나라를 섬기고 오랑캐로부터 조공을 받는 사대조공(事大朝貢) 정책과 오랑캐로써 다른 오랑캐를 제압하는 이이제이(以夷制夷) 정책은 당나라가 고구려로부터 배워 간 것이라고 했다. 당시 두 나라의 관계는 오히려 고구려가 당나라를 약간 압박하는 상황이었고, 고구려 사회는 고대 그리스의 스파르타처럼 세력권에 비해 인구가 부족했지만 다른 민족을 노예처럼 억압하지는 않았다고 했다. 같은 생애로 반복해 들어가면 더 많은 상세한 기억들을 떠올릴 수 있다는 점을 고려

하면, 이 방법으로 잃어버린 우리의 고대사 복원에 큰 도움이 될 수도 있을 것 같다는 생각은 지나친 기대일까? 고구려 영토와 세력권을 이야기할 때는 마치 나라 자랑을 하는 애국자의 얘기를 듣는 것 같았다. 그 목소리에 힘이 들어가고 자랑스러움이 배어나왔기 때문이다. 그것이 모두 사실이건 아니건 그는 그 순간 자랑스러운 고구려인이 되어 있었다.

온 가족의 생명과 모든 소유와 지위가, 권력을 추구하는 한 사람의 손에 무참히 사라지는 경험을 통해 사회적 지위와 소유가 별것이 아니라는 것을 이 생애는 가르쳐주고 있다.

고구려 시대의 삶을 뒤로 하고 잠시 휴식한 후 또 다른 과거를 찾아 떠났을 때, 그는 스코틀랜드의 양치기가 되어 있었다.

원 : 넓은 들판입니다…. 양들이 있습니다…. 스코틀랜드입니다….
김 : 당신은 뭘 하고 있나요?
원 : 저는 양을 치는 사람입니다….
김 : 어떤 옷을 입고 있죠?
원 : …옷은 하나밖에 입지 않았구요…. 위에서 아래까지 붙어 있는, 가죽으로 된 옷입니다….
김 : 이름은 뭐죠?
원 : …맥코넬….
김 : 그게 성(姓)인가요?

원 : 그냥… 그렇게 부릅니다…. 성인지, 이름인지 잘 모르겠습니다….

김 : 몇 살입니까?

원 : 서른여섯….

김 : 가족은 누가 있죠?

원 : 아내가 있고, 남매가 있습니다…. 또 애인이 하나 있습니다….

김 : 아내의 이름은?

원 : 수지나…라고 부릅니다.

김 : 애인 이름은 뭐죠?

원 : …미카라고 합니다…. (미카인지 미타인지 분명치 않음.)

김 : 그때는 언제입니까?

원 : 1200년대… 우리 같은 사람은 세금이 너무 과중해서 살기가 힘듭니다…. 양을 치는 것이 제 일인데, 영주의 양입니다…. 아주 가난하고, 도둑질을 하지 않고는 살기가 힘듭니다….

김 : 어느 지역인지 알 수 있나요?

원 : …스코틀랜드의 서쪽인데… 버머셋이라고 하는 것 같습니다.
(버머셋인지 버머섹인지 분명치 않음.)

김 : 정확한 연도를 말해보세요…. 긴장을 풀고 집중하면 알 수 있을 겁니다….

원 : …1231년이란 숫자가 보입니다.

김 : 당신의 성과 이름을 모두 생각해보십시오….

원 : …성은 없었구요…. 그냥 맥코넬이라고 했습니다.

김 : 아이들의 이름은 뭡니까?

원 : …딸은 티피이고, 아들은 하리스라고 부릅니다.

김 : 이웃 사람들이 많은가요?

원 : 우리와 비슷한 사람들이 많습니다…. 저는 영주의 양을 돌봐주고 곡식을 받습니다…. 그러나 충분치 않습니다….

김 : 가정은 화목한가요?

원 : 애인 때문에 아내가 질투를 많이 하고 있습니다.

김 : 아내는 어떻게 만났나요?

원 : 어릴 때부터 알던 사람입니다….

김 : 아내보다 애인을 더 사랑했나요?

원 : …그런 것 같지는 않습니다…. 그냥… 아내는 가정에 필요한 사람이고 애인은 제가 쉴 만한 상대로서 필요했습니다….

김 : 애인도 결혼한 사람인가요?

원 : 아닙니다….

김 : 가족들과 같이 있는 때로 가십시오….

원 : …아들을 하리라고 불렀는데, 제가 때리기도 많이 하고… 저는 술도 많이 마십니다….

김 : 가족을 사랑하지 않았나요?

원 : 사랑이라는 것은 별로 없고… 제가 하고 싶은 대로 했습니다…. 저는 거칠고 제멋대로입니다….

김 : 다른 중요한 장면으로 가봅니다….

원 : …저는 도둑질을 아주 잘했습니다…. 돈이 되는 것은 뭐든 훔

쳤고, 나중에는 호기심으로 아무거나 훔치다가 버렸습니다….

김 : 많은 사람이 도둑질을 했나요?

원 : 틈만 나면 훔쳤습니다…. 서로 뺏기지 않으려고 애썼습니다….

김 : 다음 장면으로 가보세요.

원 : (작은 소리로) 저는 지금 딸을 근친상간하려고 합니다….

김 : 딸이 몇 살입니까?

원 : 열여섯 살입니다…. 저의 성적인 욕구가 너무 강해서 새로운 상대를 찾다가 딸에게 관심을 가지게 되었습니다….

김 : 딸이 티피인가요?

원 : 어릴 때는 티피, 지금은 제이미라고 합니다….

김 : 시간을 진행해보세요….

원 : (잠시 침묵한 뒤에) 기분이 유쾌하지 않습니다…. 그렇지만 그 일로 인해 어떤 처벌도 받지 않았습니다….

김 : 어떤 마음이었나요?

원 : 약간의 후회는 했지만, 크게 괴로워하지는 않았습니다.

김 : 딸의 반응은 어떤가요?

원 : 처음에는 반항을 했지만, 나중에는 체념했습니다…. 지금, 울고 있습니다….

김 : 그때 당신은 몇 살입니까?

원 : …마흔 살이 넘었습니다….

김 : 다음의 중요한 사건으로 가보세요….

원 : …제가 죽는 때 같습니다…. 독초를 먹고 있는데… 고통스럽

습니다…. 독초는 죽는 것과는 관계없습니다…. 왜 먹었는지는 잘 모르겠고요…. (잠시 쉬었다가) 아!… (괴로운 듯한 신음) …누군가 뒤에서 저를 창으로 찔렀습니다….

김 : 누가 찔렀나요?

원 : 제게 원한을 가진 사람입니다…. 제가 몰래 만난 사람의 남편입니다….

김 : 고통스러운가요?

원 : 고통은 없는데… 눈을 부릅뜨고 있는 제 모습이 보입니다…. 저는 쉰세 살입니다….

김 : 당신 모습은 어떻게 생겼습니까?

원 : …머리는 장발이고… 뻔뻔스럽게 생긴 얼굴입니다….

김 : 긴장을 풀고 죽음의 순간을 지나가십시오…. 지금은 어디 있습니까?

원 : 모르겠습니다…. 그냥 캄캄한 곳입니다….

김 : 당신 모습이 안 보이나요?

원 : 네, 아무것도 보이지 않습니다….

김 : 그 생애의 의미는 뭡니까?

원 : …사랑에 대해서… 제가 죽는 순간, 엄청난 잘못을 많이 저질렀다는 것을 깨닫게 되었구요…. 큰 변화가 일어났습니다….

김 : 어떤 변화인가요?

원 : …살아 있을 때 가지지 못했던, 많은 수준 높은 의식을 가지게 되었구요…. 내가 무엇을 잘못했는지 객관적으로 바라볼 수 있

게 되었습니다⋯.

김 : 누가 옆에서 가르쳐줍니까?

원 : 아니오⋯. 갑자기 그렇게⋯ 깨달아졌습니다⋯. 아⋯ 누군가 제게 말을 합니다⋯.

김 : 들어보세요. 뭐라고 합니까?

원 : (원래 목소리와 전혀 다른, 착 가라앉은 음성으로) 그렇습니다⋯. 우리에게 주어지는 삶은 때로는 이렇게도 된다는 것입니다⋯. 생의 순간순간마다 우리에게 주어지는 삶의 사건들은 그것이 큰 깨달음으로 연결될 때도 있고 그렇지 못할 때도 있습니다⋯. 왜 사람들은 죽은 후에야 죄지은 행동들을 깨닫게 될까요? 눈을 가지십시오. 지금 살아 있는 생애에서, 정말 자신이 무엇을 추구하며 어떤 삶을 살아야 하는지를 바로 볼 수 있는 눈을 가지십시오⋯. 그러지 않으면 끝없는 후회를 반복하게 됩니다⋯. 큰 감동을 가지고 사십시오. 생을 바라보는 눈은 순수함에서 출발합니다⋯. 이타적인 사람이 맑은 영혼을 소유하게 되는 것은, 이타적인 행위가 그 사람을 그렇게 만드는 것이 아니라, 그 행위 가운데서 자신의 영혼이 다스려지기 때문입니다⋯. 정제되기 때문입니다⋯. 선한 삶이 많은 것을 변화시키지는 못하지만, 그러한 삶은 하나의 수단인 것입니다⋯. 내가 남을 도왔다고 해서, 그 도움 자체가 나에게 무슨 보상을 주는 것은 아닙니다⋯. 다만 그렇게 행하는 과정 가운데서 내 영혼의 눈이 떠지고 성장한다는 것입니다⋯. 수준이 높아지는 것이지

요…. 이전에 알지 못했던 나를 발견하게 된다는 것입니다….
(크고 강한 어조로) 누가 가장 양심의 가책을 많이 느끼는 사람입
니까? 악을 행하는 사람은 양심의 가책을 느끼지 않습니다….
선을 행하는 사람일수록 양심의 가책을 느끼는 법입니다…. 그
러나 악한 일을 하는 사람이라도, 그 행위 때문에 영혼의 가치
가 줄어드는 것은 아닙니다…. 눈을 뜨십시오…. 순간순간을
감동으로 사십시오….

목소리는 여기서 끝났고, 잠시 쉬게 한 뒤에 깨웠을 때 그는 "이번의 목소리는 아주 상냥한 여성의 목소리였어요. 지난번에는 모두 남성의 굵은 톤이었는데, 전혀 달랐어요…." 하고 말하며 어리둥절한 표정을 지었다. 자신을 통해 전해진 세세한 이야기는 기억하지 못했지만 대강의 내용은 기억이 난다고 했다.

지나간 각각의 삶이 준 교훈과 깨달음에 대해서는 전생퇴행을 경험한 대부분의 사람들이 느끼지만, 외부에서 직접 들려오는 목소리로 전해지는 이 같은 길고 깊은 해석은 매우 드문 현상이다. 보편적인 종교의 공통된 가르침은 사랑과 자비, 깨달음을 통한 고통의 극복과 진리로의 회귀이다. 그렇게 볼 때 이 목소리들은 종교적인 가르침을 전하는 것처럼 보인다. 그러나 그것은 어떤 특정한 교리가 아닌, 보편적인 사랑과 희생을 강조한다는 점에서 종교적이라고만 볼 수 없다는 생각이 든다. 이유는 모르지만, 지혜의 목소리들은 원종진이라는 사람에게 연민과 애정을 가지고 이런 가르침을 주는 듯했다.

네 번째 만남

아프리카, 죽은 후의 세계와
미래의 예언들

네 번째 작업을 위해 만난 그에게 잠시 그간의 생활에 대해 물었다.

"제 생활에 큰 변화가 일어나고 있는 것 같습니다. 원래 저는 남들의 잘못을 잘 용납하지 못했었는데, 그런 미움들이 없어지고 그 사람들의 영혼을 바라보려고 하니까 참 마음이 편해지는 것 같아요…. 그 사람들에 대해 오히려 안타까운 마음이 들구요…. 맥코넬의 생애에 대해 느낀 것은, 한 영혼의 수행 정도의 차이는 먼저 도달했다고 더 나은 영혼은 아니라는 것이고, 사람 자체가 귀하다는 느낌이 들었습니다…. 요즘 저는 중국에 대해 어릴 때부터 가지고 있던 혐오감이 완전히 없어졌습니다…. 제 삶의 방향에도 변화가 올 것 같습니다. 제 마음을 어루만질 수 있을 것 같고… 정말 중요한 일들에 주력하고 싶습니다."

일곱 번째 생애는 아프리카가 무대였다. 깊은 최면으로 유도한 후 전생의 기억으로 들어갔을 때 그는 무장을 한 마사이 전사가 되어 있었다.

김 : 무엇이 보입니까?

원 : 저는 마사이족의 전사입니다…. 무기를 갖고 있습니다.

김 : 창과 칼을 들었나요?

원 : 창과 방패를 들었습니다.

김 : 이름은 무엇인가요?

원 : …운디테….

김 : 운디테, 그것이 이름입니까?

원 : 네.

김 : 몇 살입니까?

원 : 스물세 살….

김 : 어떤 모습입니까?

원 : 저는… 마사이 전사입니다….

김 : 자신의 모습을 그려보세요….

원 : 네… 짧은 머리… 튀어나온 광대뼈… 그리고 치장한 장신구들… 키는 180센티미터 정도… 그렇습니다.

김 : 주위에 다른 전사들은 없나요? 전쟁인가요?

원 : 아닙니다.

김 : 무엇을 하고 있습니까?

원 : 일상적인 생활입니다…. 특별히 하는 일은 없고… 무기와 몸의

치장을 손질하고 있습니다.

김 : 가족이 있나요?

원 : 네… 부모님과 동생이 있고, 다른 형제들과… 여섯 명의 식구가 있습니다.

김 : 몇 년도입니까?

원 : 12세기입니다.

김 : 마을에는 많은 사람이 사나요?

원 : 약 100명에서 150명 정도입니다…. 중간 정도에서 큰 부족 사이의, 약간 큰 부족입니다….

김 : 마을의 이름이 있습니까?

원 : 마을 이름이 따로 있지는 않습니다…. '용감한 마사이'란 뜻으로 불리는 부족입니다.

김 : 그 생애에서 중요한 사건으로 진행합니다…. 시간을 앞으로 나아가보세요….

원 : …저는 겁이 많은 사람이어서 조롱과 놀림을 많이 당하고… 따돌림도 많이 받았습니다. 사냥을 나가서도 큰 역할을 하지 못해 어려운 일을 당하고 사람들에게 웃음거리가 되곤 했습니다…. 그런 사람입니다…. 저희 마을에는 한 노인이 있는데, '지혜로운 어른'이라고 합니다.

김 : 그 생애에서 또 다른 중요한 시간으로 가겠습니다…. 시간이 흘러갑니다….

원 : …저는 한 친구를 살해했습니다.

김 : 왜 살해했나요?

원 : (담담하고 통쾌한 어조로) 저를 아주 우습게 여기고 괴롭힌 친구였는데, 순간적으로 제가 칼로 찔러버렸죠. 동네 사람들과 장로들로부터 부족을 떠나라는 얘기를 들었습니다….

김 : 몇 살 때입니까?

원 : 마흔 무렵입니다.

김 : 그래서 어떻게 되었나요?

원 : 혼자서 들판을 떠돌다가… 몹시 굶주리고… 밤에는 추위에 많이 떨며… 내 아이들이 보고 싶다는 생각이 많았습니다…. (잠시 침묵한 후) 그렇게 오래 살지 못한 것 같습니다.

김 : 초원을 떠돌다 죽었나요?

원 : 네….

김 : 어떤 모습인가요?

원 : 웅크리고 있습니다…. 바싹 여윈 사내가 웅크리고 누워 있습니다. 제가 바라보고 있습니다….

김 : 이미 죽었습니까?

원 : 네.

김 : 당신은 어디 있습니까?

원 : 그 옆에서 시신을 바라보고 있습니다.

김 : 기분이 어떻습니까?

원 : …어떤 죄악을 벗어났다는 기쁨보다는, 답답함이 있습니다…. 자유로워지지 못한 일들….

김 : 하지 못한 일들에 대한 아쉬움이 있나요?

원 : 그렇지는 않습니다….

김 : 그곳을 떠나 어디로 가나요?

원 : …지금 노를 젓고 있습니다…. 강을 건너가고 있구요…. 두 사람이 보입니다….

김 : (잠시 혼란하여) 지금 다른 시간으로 갔나요?

원 : 아닙니다…. 저는 죽어서 강을 건너고 있고 흰옷 입은 두 사람이 저를 마중 나왔습니다….

김 : 그들은 아는 사람인가요?

원 : 아닙니다.

김 : 무슨 강입니까?

원 : 죽음의 강입니다….

김 : 마사이족은 죽으면 그 강을 건넙니까?

원 : 죽으면 모든 사람이 건넙니다.

김 : 두 사람이 배를 가지고 마중을 나온 건가요?

원 : 그들은 사람이 아니고 영적인 인도자들입니다…. 한 사람이 저에게 수고가 많았다고 얘기를 해주고, 또 다른 사람의 질책이 담긴 눈빛이 느껴집니다.

김 : 그 강을 건너는데 시간이 많이 걸립니까?

원 : 그렇지 않습니다.

김 : 주위 풍경은 어떻습니까?

원 : 아무것도 보이지 않습니다.

김 : 물만 보이나요?

원 : 물도 검은빛입니다….

김 : 배는 어떤 모양입니까?

원 : …그냥 우리가 타는 나룻배와 비슷하지만… 그것은 의식 세계의 배이고, 실제로는 배가 없습니다.

김 : 상징적인 배군요?

원 : 네….

김 : 그래서 어디로 갑니까? …도착하는 곳으로 갑니다.

원 : 지금 두 사람과 같이 가는데… 한 마을에 들어섰습니다…. 그 목적은 새롭게 배우는 것입니다….

김 : 그 마을에는 여러 사람이 있습니까?

원 : 그곳은 사람들이 아니라 영혼들의 세계인데… 마중 나왔던 두 사람은 그곳의 리더들입니다.

김 : 그곳에서 무엇을 배우나요?

원 : 자신의 행위… 살아 있을 때의 행위들을 다시 한번 회고하고 바라보게 됩니다. 자신의 문제들을 바라보고… 사색… 긴 사색이 많습니다…. 큰 기쁨도 슬픔도… 감정을 느끼는 것은 아니지만… 감정의 변화 없이, 살아온 삶들을 회고하고, 살아야 될 삶들을 설계하고 생각하는 곳입니다.

김 : …그곳에서 아는 얼굴을 만납니까?

원 : 그곳에서는 얼굴이 없습니다.

김 : 서로를 알아볼 수 없나요?

원 : 알아볼 수 있지만, 서로의 모습이 같기 때문에 별 의미가 없습니다….

김 : 모습은 같지만 서로의 본질로써 알아보는 것입니까?

원 : 네.

김 : 아는 사람을 만나지는 않았습니까?

원 : …아는 얼굴이 하나 떠오릅니다…. 박정식이라는… 지금 제 후배입니다…. 저는 상당히 지쳐 있구요…. 이곳은 감정의 변화가 전혀 없는 곳입니다….

김 : 그냥 배우는 곳입니까?

원 : 네.

김 : 운디테의 생애에서는 무엇을 배웠습니까?

원 : 생명의 귀중함에 대해 다시 한번 뼈아프게 느꼈구요…. 결단력…. 도피하지 않는… (괴로운 목소리로) 아… 더 이상 얘기하기가 좀 어렵습니다….

김 : 좋습니다…. 배움을 마치면 어디로 갑니까?

원 : 우리는 선택할 수 있는 권한이 별로 많지 않구요. 원하건 원하지 않건 새롭게 떠나야 합니다.

김 : 다시 세상으로 돌아와야 하나요?

원 : 네… 언제가 될지는 모르지만 돌아와야 하는데… 그것은 최고의 신이 결정하는 문제입니다.

김 : 친구를 죽인 일 때문에 벌을 받진 않았습니까?

원 : 그곳의 벌은, 마음의 고통이 벌입니다….

김 : 자기 행위로 인한 고통인가요?

원 : 살아 있을 때의 행위가 멍에가 되기 때문에 마치 결박당한 것처럼, 멍에를 멘 것처럼 괴롭습니다…. 살아 있을 때의 어떤 행위들이 더욱더 고통스럽게 느껴지는데… 자기가 한 악한 행동들이 편히 쉬지 못하게 하고 고통스럽게 만드는 곳입니다….

김 : 늘 마음이 불편한 곳인가요?

원 : 저는 그곳에서 평강이나 기쁨을 느끼지 못하고 있습니다…. 그런 것들이 빨리 해결되어야 하는 것이고요….

김 : 그곳은 그런 경험이 필요한 영혼들이 모이는 곳인가요?

원 : 네.

김 : 좋습니다…. 바로 그다음 생으로 가보겠습니다…. 지금은 어디에 있습니까?

원 : 음… 누군가 저에게 얘기를 하고 있습니다.

김 : 그 말을 옮겨보세요. 뭐라고 하나요?

원 : (엄숙하고 낮은 목소리로) 사람이 받는 고통은 그의 안에서… 즉 내면세계에서 받게 됩니다. 다른 사람으로부터 어려움을 당하더라도 그 사람을 미워하거나 저주해서는 안 됩니다. 그것은 문제를 해결하는 것이 아니라 새롭게 자기를 얽어매는 멍에가 되기 때문입니다…. 누가 당신을 해치려 들면 그대로 맞으십시오…. 오히려 그것이 당신의 영혼을 자유롭게 할 것입니다. 당신을 어렵게 하고 힘들게 하려는 영혼을 만난다면 대결하려 하지 마십시오. 그 대결은 다음 생에서 당신을 더 어렵게 만들 것

입니다. 당신을 괴롭게 하는 데 집중하지 마시고, 당신의 완성으로 나아가는 데 애쓰십시오. 모든 진리에 도달함에는 많은 방해하는 세력이 있습니다. 당신을 괴롭게 함으로, 또는 기쁘게 함으로 진리에 도달하는 사람은 없습니다. 그러니 당신의 영혼이 자유로워지는 데 방해가 되는 행동이나 삶을 살지 마십시오. 참자유를 누림으로 그 마음을 확장해놓고 많은 사람을 담으십시오. 용서는 참자유입니다. 진리를 가진 사람은 용서할 수 있고, 용서할 수 있는 사람은 자유로울 수 있습니다…. 소유하려 들지 마십시오. 모든 문제는 소유에서 나옵니다. 소유의 집착에서 벗어날 때, 당신은 미움의 관계와 저주의 관계에서 벗어나게 될 것입니다. 주십시오. 가진 것을 준 자리에 그만큼의 자유가 채워질 것입니다. 참자유를 누리십시오. 사람으로부터 위로나 도움을 받으려 하지 마십시오. 당신의 성장을 방해하게 됩니다. 자기 내면을 바라보고 자기 영혼이 홀로 설 수 있도록 그렇게 하십시오. 누구도 당신을 해치거나 당신을 어렵게 하지 못합니다. 신의 영역에 있는 당신의 영혼은 누구도 해칠 수 없습니다. 오직 당신을 멸망시킬 수 있는 사람은 당신뿐입니다. 그러니 당신을 어렵게 하는 사람들, 멸망시키려는 사람들, 가진 것을 빼앗아가려는 사람들을 미워하지 마십시오. 허상과 실상을 구별하시고 허상을 좇지 마십시오. 당신을 미워하는 사람들의 그 구속된 마음을 바라보시고 그 영혼의 결박에 집중하십시오. 그것이 실상입니다. 죄를 보지 아니하고 그 영혼을 볼 때 당신의 영혼은 무한히 확장되고 그만큼 당신은 자유롭게 됩니다. 이 진리를 명심하십시오···. 여기까지입니다.

김 : 그 목소리는 끝났습니까?

원 : 네.

김 : 가버렸습니까?

원 : 가지는 않았구요···. 그냥 음성만 들렸습니다.

김 : 그 목소리에 질문을 해볼 수 있을까요?

원 : 네.

김 : 우리가 진리에 도달하는 것을 방해하는 세력은 어디에서 오는 것입니까?

원 : ···실제로 악한 영의 세계와 선한 영의 세계가 존재합니다. 악한 영의 세계는 우리를 충동질하고, 우리가 실상에 집중하지 못하고 허상에 집중하게 만듭니다. 우리는 나를 미워하는 사람, 나의 것을 빼앗아가고 나의 지위를 박탈하는 사람들을 바라보고 저주하며 응징하고 심판해야만 그것을 정의라고 생각하지만, 그것은 정의가 아닙니다···. 참정의는 바로 그런 허상들을 떨쳐버리고 그런 악한 영의 세력들의 유혹과 꼬임에서 벗어나서 참된 세계, 즉 영혼의 본질을 바라보게 하는 눈과 힘, 그러한 영력을 소유할 때 악한 영의 세력들을 이길 수가 있습니다. 당신을 유혹하고 분노하게 만드는 그런 거짓 영들에게 속지 마십시오. 참으로 영의 세계에는 어둠과 밝음, 선한 것과 악한 것, 유혹하는 것과 바른 길을 가는 것이 있습니다. 많은 사람은 정의를 세

우는 것이 참된 것인 줄 알지만 사실은 그렇지 않습니다. 정의를 세운다는 것과 교리를 만든다는 것이 사실은 새로운 소유를 향해 나아가는 것입니다. 소유하지 마십시오. 유혹에서 벗어나기 위해 당신이 할 수 있는 방법은 소유하지 않는 것입니다…. 여기까지입니다.

김 : 우리의 본질이 무엇인지 알 수 있을까요?

원 : …당신의 본질은 생명입니다…. 모든 생명은 그 나름의 가치가 있고 고귀함이 있습니다. 생명은 생겨나는 것이 아니라 생겨지는 것입니다. 즉 당신을 만든 분이 있다는 것이지요. 사람들의 영혼과 모든 것을 만든 이가 있습니다…. 그분이 만들었지요…. 우리는 그분의 피조물이지만 동시에 그의 한 부분입니다. 그러므로 당신은 신이 될 수는 없지만 신의 부분은 될 수 있습니다. 이것이 생명의 본질입니다. 우리는 생명을 나눔받은 것입니다…. 당신의 생명과 메뚜기의 생명은 둘 다 신으로부터 나눔받은 것입니다…. 여기까집니다.

김 : 악한 영들은 어디에서 온 영들입니까?

원 : 악한 영은 시기가 정해져 있습니다. 그들은 마치 설거지를 할 때 깨끗함을 위해 잠시 더 더러워지는 모습처럼 바로 그런 것입니다. 우리의 영적인 완성을 위해 잠시 사용되는 도구입니다. 언제까지 그들이 존재하느냐 하면, 모든 영혼이 완성의 경지에 도달할 때까지 그들은 활동하게 될 것입니다. 마지막 한 사람이 완전한 진리에 이르게 되면 악한 세력은 처음에 그 근원이 없었

던 것처럼 흔적도 없이 사라지게 될 것입니다. 모든 사람은 진리를 향한 기차에 타고 있습니다. 첫째 칸이 먼저 도착하지만 마지막 칸도 결국은 도착합니다. 아무리 악한 사람이라도 그 기차에 타고 있지요. 그 기차가 진리에 도달하게 되면 악의 세력들은 저절로 사라지게 됩니다. 당신은 악한 세계에 집중하려 들지 마십시오…. 왜 없어질 것들에 집중하십니까? 영원한 것들을 바라보십시오. 영원한 것들을 바라보게 되면 악한 것들은 자연히 떨어지게 됩니다…. 이상입니다.

김 : 영원한 것을 바라봄으로써 악한 세력을 이길 수 있다는 말이군요?

원 : (타이르는 듯한 말투로) 당신은 이길 수가 없습니다. 다만 나아갈 뿐입니다….

김 : 거기까집니까?

원 : …네.

김 : 많이 힘드세요?

원 : …지금 좀 떨립니다.

김 : 왜 떨리나요?

원 : 내 몸에 있는 기운들이 우주의 목소리와 결합되면서 너무 소진되었고 아직 채워지지 않았기 때문입니다.

김 : 그대로 좀 쉬겠습니다….

(잠시 긴장을 풀고 쉬도록 암시한 후 휴식. 1분쯤 뒤에)

원 : (약간 흥분한 목소리로) 제 주위에 많은 사람이 있습니다.

김 : 누가 있습니까?

원 : 사람은 아니고 영들인데, 아주 수준 높은 영들입니다.

김 : 주위에 모여 있습니까?

원 : 네, 저를 바라보고 있습니다.

김 : 무슨 얘기를 들려주나요?

원 : 따뜻하게 바라보는 분도 있고, 얘기를 해주려는 분도 있는데, 제가 질문하면 대답을 해줄 것 같습니다.

김 : 하고 싶은 질문이 있습니까?

원 : 잘 모르겠습니다…. (잠시 침묵한 후) 저를 향해서 뭐라고 얘기합니다…. 교만하지 말 것에 대해서 얘기하고 있습니다. 참된 가치는 역설에 있다고 하십니다. 역설이 주는 삶에 집중하라고 하십니다. 비우면 채워집니다. 채울수록 가난하게 되지요. 나누면 없어질 것 같은데 더 많은 것이 들어오게 됩니다. 자신을 낮추면… (황홀한 듯) 그 빛을 가릴 자가 없습니다. 자신을 희생하고 낮추고… 그런 삶이 주는 아름다움이 얼마나 귀한지… 그러나 많은 사람이 착각하고 있다고 말합니다. 자기만족적인 삶과 실상 교만한 마음으로 자기를 낮추는 것들 때문에 착각하고 사는 사람들이 너무 많다고 하는군요…. 97년에는 많은 변화가 있는데요….

김 : 들리는 대로 얘기하십시오….

원 : 97년에는 더욱더 많은 사람이 영적인 세계에 관심을 가질 거라고 합니다…. 96년은 조정기입니다. 굉장히 많은 어려움이 있겠

지만 이 어려움을 통해서 많은 사람이 소유의 무상함을 느끼게 되고 더욱더 영적인 부분을 많이 바라보게 될 거라고 합니다. 더불어서 악한 것들, 유혹하는 세력들도 무척 많이 날뛰게 될 것입니다…. 많은 성직자가 자신의 욕심을 채우기 위해 가려놓았던 것들이 점점 드러나게 될 것입니다…. 그들은 진리의 핵심을 알지 못하고 다만 진리의 겉포장만 보기 때문에 권위가 떨어지게 되고, 참으로 진리를 전달할 수 있는 자들이 되지 않습니다. 다만 그들이 주도권을 쥐고 있기 때문에 참진리를 가진 사람들, 참된 것을 추구하는 사람들을 핍박할 것입니다. 그래서 정신이상자라고 불리는 선한 사람들이 많이 나타날 것입니다. 사람들은 그 사람들을 모르고, 또 주도권을 가진 사람들 때문에 그 사람들을 나쁜 사람들이라고 생각하지만 실상 그렇지는 않습니다. 그렇다고 해서 모든 이단적 요소를 가진 사람들이 선하다는 것은 아닙니다. 극히 혼란한 시대가 될 것입니다. 선한 것과 악한 것을 분별하기 어려운 시기가 될 것입니다. 우리는 한 가지 판단 기준을 제시할 수 있습니다. 선하다고 생각하고 따라가는 것들이 나의 즐거움을 위한 것인지, 아니면 정말 많은 사람의 이익을 위한 것인지 판단해보십시오. 또한 주의할 것은 이것이 자기만족적인 것인지 그렇지 않으면 타인 지향적인지, 참으로 진리를 향한 것인지 그렇지 않으면 우리의 지적 만족이나 육체적 편안함이나 호기심의 충족으로 끝나는 것인지 구별하십시오. 너무 많은 혼란의 세력이 있기 때문에 참된 것을 가리기가 어려운 시기가 올 것입니다. 물질적으로는 더 풍요한 삶을 누릴지는 모르지만 정신적으로는 더욱더 황폐한 삶이 될 것입니다. 그렇기 때문에 참된 정신의 소유자들이 사회로부터 도태당하는 일이 많이 나타날 것입니다. 그러나 그런 사람들은 잠시 도태되었다가 새로운 시대의 새로운 기대가 될 것입니다. 이 새로운 시대라는 것이 뉴에이지(New Age) 운동을 가리키는 것은 아닙니다. 참된 진리의 세계가 열리는 것을 준비하는 시대입니다…. 이상입니다.

김 : 아직도 그들이 옆에 있습니까?

원 : 네.

김 : 앞으로 우리나라는 어떻게 변해갈지 알 수 있습니까?

원 : 도덕적인 국가가 될 것입니다…. 기독교 세력들이 상당히 쇠퇴하고 많은 부분이 소멸할 것입니다. 그것은 기독교가 가지고 있는 교리의 한계가 아니라 기독교를 제대로 이해하지 못하고 교리적인 부분에서 주도권을 장악하고 있는 사람들, 그런 세력들이 몰락하는 것입니다. 거품이 빠지고 알맹이만 남는 것입니다. 불교도 마찬가집니다. 먼저, 종교적인 부분에 있어서는 새로운 사람들이 나타날 것입니다. 두 번째, 자연과 친화하려는 움직임들이 나타나게 됩니다. 여기에 자연의 터전을 보호하려는, 그리고 가꾸려는 움직임이 점점 거세게 일어나게 될 것입니다. 세 번째, 영적인 현상에 대한 준비들이 많이 일어날 것입니다. 지금보다 더 많은 생산이 일어나지 않을 것입니다. 가속에 의해서 어느

정도까지는 되겠지만 더 많은 생산이 더 풍요한 사회를 보장하는 시대가 되지는 않습니다. 정신적인 삶, 도덕적인 삶, 영적인 추구가 우리의 문화생활을 풍성하게 하는 그런 시대가 될 것입니다. 이제는 권력을 가진 자가 주도권을 장악하는 때가 아니라 다른 가치를 소유한 자가 주도권을 장악하게 됩니다. 모든 사람이 염원해 왔던 그러한 정치권력의 시대가 열리게 됩니다. 지금은 혼란기입니다. 이것을 거치지 않으면 그 시기는 빨리 오지 않습니다…. 이상입니다.

김 : 지금 세상을 시끄럽게 하는 세상의 종말론에 대해 말해주십시오…. [1999년 7월 세상의 종말이 온다는 노스트라다무스의 예언에 대한 질문이다.]

원 : 종말은 오지만 그 경향은 다릅니다. 시기도 다릅니다. 지금은 여기까지밖에 말할 수 없습니다.

김 : 다른 얘기는 없습니까?

원 : 개인적으로 제게 많은 관심을 보이고 있습니다.

김 : 아는 얼굴이 있습니까?

원 : 제가 과거에 그들 중의 하나였다는 느낌이 듭니다…. 친근한 느낌이 들구요….

김 : 그들이 옛 친구를 방문하러 온 걸까요?

원 : 그렇다고도 볼 수 있고, 아니라고 볼 수도 있습니다.

김 : 당신이 앞으로 해야 할 일들에 대해서 어떤 지시를 해주지 않습니까?

원 : 아직은 없습니다.

김 : 휴식하십시오…. 그들이 아직 옆에 있습니까?

원 : 네…. 오늘은 더 이상 진행하지 말 것을 종용하고 있습니다.

김 : 오늘은 그만하겠습니다…. 휴식하십시오….

　

이 네 번째 퇴행은 상당히 특이했다. 죽은 후에 가 있던 곳의 생활과 목적들을 상세히 기억해냈고, 생전의 잘못으로 인한 마음의 고통 속에 침묵의 세월을 보낸 그곳은, 우리가 자주 들어온 지옥이나 연옥의 모습이라고 생각된다. 그곳에서 그는, 맨 처음 기억했던 전생에서 젊은 비구니로 만났고 지금은 같은 직장에 근무하고 있는, 박정식을 또 만났다. 이들의 인연도 상당히 깊은 것 같다. '지나간 삶을 돌아보고 새로운 삶을 계획하는 장소'라는 이곳에서 각자에게 필요한 시간을 보낸 뒤 새로운 삶을 찾아 떠난다는 얘기는 윤회의 이론 중 '각각의 영혼은 자신의 성장에 가장 적합한 부모와 환경을 찾아 새롭게 태어난다.'는 주장을 뒷받침해준다. 가난하고 어려운 환경에 태어나는 것도, 그 영혼의 성장을 위해 이번 생애에서 가난과 어려움을 겪어야 하기 때문이라는 것이다.

다음 생을 결정하는 것은 영혼의 성장이라는 큰 틀 속에서 이루어지지만 구체적인 모습은 자신의 업(카르마)에 따라 영향을 받는다는 점도 우리는 기억해야 한다. 살면서 만나는 모든 어려움과 고통에 대해 적대적 감정과 원망으로 맞설 때의 괴로움을 우리는 잘 알고 있다. 윤회론은 이 막막한 괴로움들이 모두 우리 영혼의 성장을 위한 과정이라고 가르치고 있다. 지혜의 목소리들은 우리가 고통을 어떻게 이해하고 자기완성으로 나아가야 할 것인지에 대해 가르치고 있다. 진리에 이르는 것을 방해하는 세력들과 이를 극복하기 위해 힘써야 할 점, 인간의 본질에 대한 나의 질문들에도 대답해주었고, 전혀 뜻하지 않았던 여러 가지 미래에 대한 예언들까지 들려주었다. 영적인 추구가 확산되리라는 것과, 혼란스러운 시대에 선과 악을 구별하는 방법과 종교계의 변화, 종말론에 대한 얘기들 모두가 의미심장한 메시지를 담고 있었다.

지난 세 번의 퇴행에서도 지혜의 목소리를 들었지만, 이번처럼 많은 이야기를 한 것은 처음이었기 때문에, 나는 흥분과 함께 의문이 생겼다. 최면 상태에서 직접 그 많은 얘기를 전달한 원종진 또한 혼란스런 얼굴이었다. 전생퇴행 상태에서 사람들은 평소보다 통찰력과 이해력이 증가한다. 그러나 이렇게 직접 외부의 목소리를 듣는 경우는 극히 드물다. 수준 높은 영들이 자신의 주위에 모여들었을 때 친근감과 함께 자신도 그들 중 하나였다는 느낌이 강했다고 하는 말이 잘 이해가 안 갔지만, 나중의 퇴행에서 그들도 지상으로 환생할 수 있고 실제로 그런 영혼을 가진 사람들이 있다는 설명을 듣고는 이 청년도 그런 영혼의 소유자일 것이라는 생각이 들었다.

다섯 번째 만남

여덟 번째 삶과 교훈,
그리고 예언들

여덟 번째 생애는 다시 조선 시대였다.

김 : 어디입니까?

원 : 금강산이 보이는 곳입니다.

김 : 당신 모습은 어떤가요?

원 : 승려의 모습입니다.

김 : 몇 살인가요?

원 : …쉰두 살…. 승복을 입고 삿갓도 쓰고 있습니다.

김 : 이름은 뭐죠?

원 : …유정… 아니면 휴정….

김 : 남자인가요? 여자인가요?

원 : …비구승(남자 승려)입니다.

김 : 무엇을 하고 있습니까?

원 : 저는… 절에서 파문당하여… 팔도를 두루 다니고, 시주로 연명하고 있습니다.

김 : 왜 파문을 당했나요?

원 : 여인을 가까이 하려 했다는 이유입니다.

김 : 언제 파문을 당했나요?

원 : 사십을 넘어서 파문당했습니다….

김 : 전에 있었던 절은 어딘가요?

원 : …계룡산 동학사라고 합니다….

김 : 시기는 언제인가요?

원 : …1800년대 초기입니다.

김 : 속가에서의 당신 이름은?

원 : …김상희라고 하는 것 같기도 하고… 김상철이라고 하는 것도 같습니다….

김 : 고향은 어디죠?

원 : 경상남도 함안입니다…. 저는 젊은 날에 해인사에서 불가에 입문했고… 사명대사처럼 되라는 말씀도 들었는데… 거기서 생활하다가 범어사에서도 지냈습니다…. 동학사에서는 잠시 가르치는 일을 했는데… 그것이 끝이었습니다.

김 : 파문당한 이유는 어떤 물의를 일으켰기 때문인가요?

원 : (비장한 어조로) 물의였다기보다는 사람들의 오해였습니다. 다만 내가 해명하려 하지 않았을 뿐입니다….

김 : 어떤 오해였나요?

원 : 여인을 가까이 하려 했다는 오해인데… 가까이 하려 한 것이 아니라… 그의 어려움을 덜어주고자 했던 것입니다….

김 : 어떤 어려움인가요?

원 : 아기를 못 낳는 여인인데… 저의 도움을 원했습니다…. 특히 자신의 배에 내 손을 얹어주면 아기를 가질 수 있다고 생각했는데… 그것은 나를 흠모했다기보다는 저의 도력이 높다고 생각했기 때문입니다.

김 : 그 여인의 성씨는 뭔가요?

원 : 해주 성씨라고 합니다…. 양반가의 여인입니다.

김 : 파문당할 때는 어떤 마음이었나요?

원 : (안타까운 듯) 답답했습니다….

김 : 왜 설명을 안 했나요?

원 : 그 여인에게 누가 될까 봐… 모든 것을 내가 책임지는 것으로 끝냈습니다.

김 : 떠돌아다닐 때의 심정은?

원 : 부처를 발견한다는 마음이었습니다….

김 : 당시 사회는 어떤 분위기였나요?

원 : 기존의 질서가 많이 무너졌고, 돈 많은 사람이 양반이 되기도 하고 천민들도… (잘 들리지 않음) …양반의 가치는 많이 떨어지고… 경제적으로는 그렇게 어렵지 않았습니다….

김 : 그런대로 태평한 시절이었나요?

원 : 네.

김 : 금강산 앞에서 뭘 하고 있습니까?

원 : …가야 할 것을 준비하는 시기인 것 같습니다.

김 : 어디를 갑니까?

원 : 생을 마감하는 시기입니다.

김 : 그대로 진행해보세요….

원 : 작은 암자에 앉아 있는 제 모습이 보입니다.

김 : 어떤 모습인가요?

원 : …맑은 영혼의 소유자라는 느낌이 듭니다…. 쉰두 살입니다….

김 : 연도를 알 수 있나요?

원 : …1842년….

김 : 어디가 아픈가요?

원 : 육체적인 쇠약도 있지만, 그것보다는 때가 다 되었다는 느낌이 더 큽니다.

김 : 그대로 진행합니다…. 무엇이 보입니까?

원 : 제 모습이 보입니다. 편안한 얼굴이고 웃고 있는 모습입니다.

김 : 어디에 있습니까?

원 : 암자 안에 그대로 있습니다…. 몸을 빠져나왔습니다….

김 : 어디로 가는가요?

원 : 눈앞이 전체적으로 하얗습니다…. 황소가 저를 태우고 갑니다…. 소를 타고 천천히 가야 할 길로 갑니다.

김 : 그 소는 영계의 소인가요?

원 : 네.

김 : 가는 곳은 어디죠?

원 : 극락이라고 말하는 곳입니다.

김 : 마음은 편안한가요?

원 : …편안하지 않습니다.

김 : 왜죠?

원 : 남겨진 사람들… 남겨진 일들….

김 : 그 생애의 교훈은?

원 : …잘 생각나지 않습니다.

김 : 그 생애에서 특별히 아쉬운 일이 있나요?

원 : …준비하는 단계입니다.

김 : 무엇을 준비하나요?

원 : 큰 공력으로 많은 사람을 영적인 평안으로 이끌 수 있도록 준비하는 것입니다.

김 : 그 생애의 목적이 그것이었나요?

원 : (비장한 목소리로) 그렇다고 할 수 있습니다….

김 : 어디로 가는지 그대로 진행합니다.

원 : …문 앞에 도착했습니다.

김 : 어떤 문인가요?

원 : 보통 보는 한옥과 같은 문인데, 실체가 아닌 마음 가운데의 문입니다…. 불경 소리가 들리고… 향냄새가 납니다.

김 : 그 안에 누가 있나요?

원 : 42라는 숫자가 떠오릅니다….

김 : 사람 수인가요?

원 : 아니오, 영적인 단계를 말하는 숫자입니다. 내가 도달한 깨달음의 정도가 42라는 단계 같기는 한데, 정확히 모르겠습니다.

김 : 다음 장면으로 갑니다….

원 : …하나의 자궁을 찾아서 다시 들어가는 그림이 보입니다….

김 : 바로 환생하나요?

원 : 잘 모르겠습니다…. 아, 누군가가 제게 얘기하고 있습니다….

김 : 들어보세요.

원 : …우리의 생은 정확하지 않습니다…. 해명하려 들지 말고, 자기의 모습을 정형화시키려 하지 마십시오. 정형화될 때 또 자신은 구속됩니다. 사람의 영혼을 담을 그릇이 되려면… (속삭이듯) 자기가 정형화되지 않아야 합니다. 그것이 선한 의미에서든지, 다른 의미에서든지 정형화하지 마십시오. 우리는 원래 가지고 있는 모습을 봐야 합니다. 무엇이 당신을 괴롭히려 해서 너무 힘듭니까? 사회적 지위와 관계 속에서 사람들의 평가가 당신을 그리로 몰고 있지 않습니까? 그러나 사람들의 평가라는 것은, 사람들의 존경과 애착 같은 것은 허상이 만들어낸 것들입니다…. 허상이 욕심을 만들고, 욕심이 질투를 만들고 강박을 만듭니다. 그것은 당신뿐 아니라 많은 다른 사람들을 어렵게 하고… 끝내는 관계의 단절과 괴리를 불러오는 것입니다. 자신을 정형화하지 않는 가장 큰 훈련은, 억울한 상황에서 상대방의 영혼을 사랑할 수 있어야 하고 그의 관점을 이해할 수 있어야 합

니다. 그것이 출발점입니다. 많은 사람이 왜 피곤한 삶을 살고 있습니까? 허상을 좇아가기 때문입니다. 가끔은 자기를 모함하는 사람들을 위해서 기도할 수 있어야 합니다. 거대한 변화의 출발점이라고 할 수 있습니다…. 이상입니다.

김 : 그 목소리는 어디서 들립니까?

원 : 옆에서 얘기해주는 것 같습니다.

김 : 지금 지나온 생에 대한 해석인가요?

원 : 네.

김 : 그 생애에서 억울함을 느꼈나요?

원 : 네.

김 : 자신의 입장을 해명하진 않았지만 억울함은 있었군요?

원 : 다른 사람들처럼 마음 가운데 큰 억울함은 없었지만 그런 것을 생각은 했던 것 같습니다…. (잠시 침묵한 후) 또 우리가 바라봅시다. 많은 사람의 아픔을 품어주려면 내가 먼저 아파야 합니다. 우리는 다양한 생의 경험을 통해서 다양한 사람들의 경험을 이해할 수 있습니다. 극복하려 하지 마시고 포용하시고, 설명하려 하지 마시고 이해하십시오…. 여기까지입니다….

김 : 아직 목소리들이 옆에 있나요?

원 : 그런 것 같습니다.

김 : 휴식합니다…. 편안히 긴장을 풀고 휴식하십시오….

원 : 또 목소리들이 들려오고 있습니다…. 경을 외는 듯한 목소리들이 들립니다….

김 : 당신은 아직 그 집 앞에 있나요?

원 : 그렇지 않습니다. 우주 가운데 있습니다.

김 : 또 무엇이 들리나요?

원 : 작은 것 속에 큰 것이 담겨 있고, 큰 것이 작은 것의 부분입니다. 우주는 한 점이고… 이 점들이 모여 더 큰 우주를 이루게 됩니다. 시작이 없는 것처럼 끝도 없습니다. 누가 부처입니까? 부처의 마음을 소유한 사람이 부처입니다. 작은 부처들이 모여서 큰 부처가 되고, 바로 우주에 있는 부처가 각 사람들에게 있는 것입니다. 이로써 작은 것이 큰 것을 품고, 큰 것이 작은 것을 품는 것입니다. 생명의 하나하나가 모여서 우주에 있는 최고 신의 부분을 이루게 되고, 그 우주 최고의 신은 각 생명마다 깃들어 있는 것입니다. 무엇이 시작이고 무엇이 끝입니까? 소유함으로 시작에 이르고 그 소유를 놓을 때 새로운 시작이 이루어집니다. 영혼 사랑하기를 힘쓰고 그 안에 간직된 하느님의 모습을 바라보십시오. 사람을 우상화하는 것은 사람을 가장 불행하게 만드는 것입니다. 누구를 우상화할 때는 내 안에 있는 하느님의 모습을 발견하지 못합니다. 또 그 우상화된 사람의 모습 가운데 있는 하느님의 모습을 발견하지 못하고 내 욕심을 따라, 또 많은 사람의 욕심에 따라 만든 허상에 집중하게 됩니다…. 그것은 또 악인에 대해서 그 악인의 영혼을 바라보지 못하고 그 악인의 마음 가운데 있는 하느님의 목소리를 듣지 못하게 합니다. 그 죄가 만들어낸 허상에 집중하게 되는 것과 같습니다. 무

엇이 옳고 무엇이 그릅니까? 나에게 선한 일을 해준 사람에 대해서 그 사람 가운데 있는 하느님을 발견하지 못하고 내게 이익을 주었다는 것 때문에 그 사람을 선하게 바라보는 것과, 나에게 악한 일을 행했을 때 그 마음 가운데 있는 하느님을 바라보지 못하고 결과가 만들어낸 이미지만 기억하는 것은 똑같은 것입니다. …사람을 악하게만 생각하는 것과, 행위 때문에 선하게 생각하는 것은 둘 다 옳지 않습니다. 언제나 그 안에 깃든 하느님을 바라봐야 합니다. 그래서 작은 것 안에 품어져 있는 큰 것을 보고, 큰 것을 보면서 작은 것 속에 담겨져 있다는 사실을 기억해야 합니다. (강한 어조로) 이것을 깨닫지 못하고는 영혼을 사랑할 수 없습니다…. 여기까지입니다.

김 : 지금 우주 가운데 있나요?

원 : 아닙니다. 다시 내게로 돌아왔습니다…. 피아노 건반이 보입니다….

김 : 어디에 있나요?

원 : …새로운 비유입니다…. 기독교에서 말하는 삼위일체에 대한 설명이 이루어지고 있습니다…. 삼위일체와, 사회에서 사람들 간의 관계는 같은 원리라고 말해주고 있습니다. 피아노의 각 건반은 같은 모습을 가졌지만 서로 다른 소리를 냅니다. 가장 낮은 음부터 가장 높은 음까지 서로의 음계는 다르며, 그 각각의 건반 소리를 우리는 모두 피아노 소리라고 합니다. 그러나 그것이 아무런 원칙 없이 그냥 울릴 때 우리는 그것을 연주라고 하

지 않고, 진정한 피아노 소리라고도 하지 않습니다. 건반이 현을 때려서 나는 소리들이 조화를 이룰 때, 그것을 정말 피아노가 연주하는 음악이라고 하게 됩니다. 각각의 건반은 그 자체로도 소리를 가지고 있지만 그 각각의 소리들이 조화 속에서 새로운 음악을 만들어낼 때 그 건반과 현이 가지고 있는 물리적인 성질과는 전혀 다른, 물리적인 한계를 벗어나진 않지만 새로운 가치들을 만들어내게 됩니다. 이것이 우리 가운데 영혼을 사랑함으로 서로가 하나가 되고 조화를 이루어나가야 될 필요성에 대한 하나의 비유가 되고, 그것이 삼위일체에 대한 설명도 됩니다. 피아노는 스스로 울릴 수 없습니다. 연주자와 건반과 현과 케이스가 필요하지만 이 세 가지가 동시에 울릴 때 하나의 소리를 냅니다. 피아노가 '도' 음을 내려면 연주자가 '도'에 해당하는 건반을 두드리고 그와 동시에 건반이 현을 때림으로 '도'라는 음이 나오는 것이지요. 하나의 작용이 이루어지기 위해서 셋이 연합합니다. 각각의 기능은 서로 다르지만 그것이 연합하지 않으면 '도'라는 음이 발생하는 현상이 이루어지지 않는 것입니다. 쉽게 말해서 이것이 삼위일체의 비유라고 말하고 있습니다…. 그림으로도 보여주고 있습니다….

김 : 주위에 목소리들이 아직 있나요?

원 : 다시 대여섯 명이 저를 둘러싸고 있습니다.

김 : 얘기를 계속 하나요?

원 : 그들이 저를 보며 웃고 있습니다. 편안하게 해줍니다…. 또한

저에게 더욱더 영적으로 성장할 것을 당부하는 것 같습니다⋯.

김 : 또 뭔가 얘기를 해주나요?

원 : ⋯저의 가족에 대해서 안심할 것을 말해주고 있습니다⋯. 찬양하라고 얘기하고 있습니다⋯ 하느님을 높일 것에 대해서⋯. 제 마음이 아주 기쁘고 편안해집니다⋯.

김 : 다른 얘기들은 없나요?

원 : 없습니다⋯. 그런데 좀 쉬고 싶습니다⋯.

김 : 쉬겠습니다⋯. 편안하게 그대로 휴식하십시오⋯.

원 : (잠시 쉬다가) 지금 저에게 양떼의 모습을 보여주면서 맥코넬의 생애를 용서하라는 음성이 들립니다⋯.

김 : 맥코넬이 몰던 양떼입니까?

원 : 네.

김 : 그의 생을 용서하지 않았습니까?

원 : 제 마음 가운데 저의 실수나 잘못을 용납하지 못하는 성격이 있는데, 이제 그것을 떨쳐버리라고 얘기하고 있습니다⋯. 더불어 지난 삶들을 통해서 무엇을 배웠는지 저에게 질문을 하기도 하고요⋯. 그런 삶들을 사는 동안 일관되게 제 영혼은 하나였다는 것을 말해주며 다른 사람들도 그렇게 바라보라고 얘기하고 있습니다. 내가 무엇을 배웠는지에 대해서 생각하기는 했지만⋯ 생명에 대한 존경과 사랑, 그것을 배웠다고 말할 수 있습니다.

김 : 이제는 지금까지 본 전생의 모습들이 다 자기 자신이라고 느껴

집니까?

원 : 네.

김 : 지금도 그들이 옆에 있습니까?

원 : …저를 무척 아끼는 것 같습니다. 제게 뭔가 많은 것을 얘기해주고 싶어 하지만 제가 감당하지 못할까 봐 한꺼번에 주지 않는 것 같습니다.

김 : 그들에게 묻고 싶은 것이 있습니까?

원 : 글쎄요…. 이들의 음성과 사랑 때문에 제가 더 교만해지지 않을까 두려운 마음이 생깁니다…. (잠시 침묵한 후) 질문을 해보십시오….

김 : 자신의 미래에 대해 한번 물어보십시오.

원 : (혼잣말처럼) 저의 미래는 어떻게 되겠습니까…. 50프로는 밑그림이 완성되어 있고 나머지는 제가 색칠해야 된다고 합니다. 저에게 선택을 얘기하고 있습니다. 안락한 삶을 살기를 원하는지, 그렇지 않으면 어렵더라도 다른 사람들에게 도움이 될 삶을 살기를 원하는지…. 저는… 두렵지만 후자의 삶을 살고 싶습니다.

김 : 자유의지를 존중하기 때문에 물어보는 것인가요?

원 : 네…. 그러나 이들이 제가 후자의 삶을 살기를 원한다는 것을 저는 알고 있습니다…. 이렇게 말하고 있습니다… 많은 사람으로부터 오해도 받고, 많은 사람으로부터 칭찬도 받을 거라구요…. ○○○ 목사님의 모습을 보여주며 그와 비슷한, 유사한

삶을 살게 될 것이라고 얘기해주고 있습니다. 누가 많은 사람의 마음을 품어주는 사람이 될 것인지에 대해서···.

김 : 그 목사님이 잘하고 있는 것입니까?

원 : 아니오.

김 : 그가 잘못하고 있는 점들은 무엇입니까?

원 : 그는··· 너무 인간적입니다. 물론 뜨거운 부분과 순수한 부분도 있지만 자기의 생각을 하느님의 생각과 동일시하는 것··· 그것이 잘못입니다···. 안타깝게도 영혼을 사랑하는 부분에 있어서 더 깊게 보지 못합니다. 그러나 그도 많은 애를 쓰고는 있습니다. 다른 사람들에 비하면 진보된 영이라고 할 수 있지만, 그에게는 이미 어떤 허상으로 맺어진 관계들이 너무 복잡합니다. 그러한 허상들에서 탈출하지 않으면 점점 더 어려워질 것입니다···.

김 : 한국 가톨릭교회의 입장은 어떻습니까?

원 : 가톨릭은··· 벌레 먹은 밤과 같습니다. 건전한 부분도 있지만 도려내야 할 부분도 있습니다. 한국 가톨릭은 깨끗하지만 세계의 가톨릭 중에는 위험한 부분들이 있습니다···. 마약과도 관련이 있군요.

김 : 어느 나라의 가톨릭이 마약과 관계가 있습니까?

원 : ○○○○입니다. 그들은 마약을 취급하는 사람들을 보호해주고 있습니다. 옳지 않은 일인 줄 알면서도 정당성을 부여하는 역할들을 하고, 일반 사람들은 그들이 정말 나쁜 사람들이라는 것

을 모르고 있습니다.

김 : 가톨릭의 지도자들이 알면서도 그런 것을 묵과하고 있는 것입니까? 그 이유는 무엇인가요?

원 : 그들은 조직을 운영해야 하기 때문입니다.

김 : 교회 조직 말입니까?

원 : 네.

김 : 돈이 필요해서입니까?

원 : 돈과 안락한 생활… 글쎄요…. 그들은 안락한 생활보다는 자신의 위치에 집착하는 것 같습니다. 필리핀의 하이메 신 추기경은 정말 맑은 사람입니다.

김 : 김수환 추기경은 어떻습니까?

원 : 그도 맑은 사람입니다…. 앞으로 동양계에서 교황이 나오기는 힘들 것입니다…. 교황의 선출은 영적인 지도력으로 되는 것이 아니라… 커넥션입니다…. 교황 선출의 열쇠는 '커넥션', 이 단어에 함축되어 있습니다.

김 : 인간적인 관계군요?

원 : 맞습니다…. 앞으로 여러 명의 교황이 나오기는 어려울 것 같습니다…. 만약에 더 나오더라도 아비뇽에서의 그러한 모습들을 반복할 가능성도 있습니다…. [아비뇽유수(Avignon 幽囚)를 말하는 듯하다. 아비뇽유수는 1309년에서 1377년까지 7대에 걸쳐 로마교황청이 남프랑스의 아비뇽으로 이전한 사건이다. 이 기간에 교황은 프랑스 왕의 영향력 아래에 놓이게 됨으로써 교회의 권위가 추락하였다.

1378년에 로마에서 우르바노스 6세가 교황으로 선출되자 프랑스에서는 교황 클레멘스 7세를 내세워 또다시 아비뇽에 교황청을 열게 되니, 두 명의 교황이 동시에 존재하는 사태에 이르렀다.] 지금 교황청 내에서 현 교황의 위치는 보이지 않는 세력으로부터 도전을 받고 있고, 바티칸을 움직이는 또다른 세력이 있습니다. 이 라인은 교황청 라인과는 전혀 별개로 움직이지만 상당한 위험을 내포하고 있습니다…. 이들은 오래전부터 공산주의자들과도 관련되어 있습니다…. 그러나 공산주의의 이념을 좇아 관련된 것이 아니라 대부분은 조직을 유지하는 목적 때문입니다. 그 하부 기관에는 과거에 동구권에서의 가톨릭교회를 보호하려는 이상을 지닌 젊은 성직자들도 많이 관련되어 있지만 그들의 중심부로 올라갈수록 실제로는 조직의 유지라는 압박에 시달리는 리더가 자리 잡고 있습니다…. 그러나 앞으로도 모든 종교는 이러한 모습을 계속 띠게 될 것입니다. 그렇기 때문에 종교의 지도자가 되는 것은 좋은 일이 아닙니다. 종교의 지도자가 되기보다는 보이지 않는 가운데 많은 사람의 영혼에 집중할 필요가 있습니다. 뉴에이저들도 위험하다고 할 수 있습니다. 그들은 자신의 신념에 도취되는 경향이 있습니다. 그들의 출발점은 순수했지만 점점 더 자신들의 입장에 취해가고 있습니다. 뉴에이지 운동은 더 확장될 수도 있지만 '암'과 같은 역할을 하게 될 것입니다. 새로운 종교의 출현을 기대하는 많은 사람이 있을 것이지만 '진리를 담았지만 익숙하지 않다.'는 이유 때문에 사람들로부터 배척당하는 사람들이 많이 생겨날 것입니다. 앞으로는 만화경적인 혼란기가 될 것입니다…. 많은 사람에게 익숙하면서 선한 사람들이 있고, 익숙하지만 옳지 못한 세력들이 있고, 익숙하지 않으며 옳지 않은 세력이 있고, 익숙하지 않지만 옳은 세력이 있습니다…. 이들 중 한 가지를 선택하라 한다면, 익숙하지 않지만 선한 세력을 선택해야 할 것입니다. 앞으로 세계 종교 간에 통합 운동이 일어날 것입니다. 서로의 권력과 서로의 목적론적인 부분에서 합의를 보려고 할 것입니다…. 하나의 종교 연방이 태어나려고 할 것입니다…. 그러나 그러한 움직임의 가장 큰 문제는 그것이 영혼에 대한 사랑에서 출발하는 것, 즉 진리에 대한 열망에서 출발하는 것이 아니라, 그들 간의 기득권을 보장받고 지역 주도권을 보장받으려는 수단으로서의 연대성이라는 것입니다…. 그들은 거대한 자본가 세력과 결탁하게 될 것입니다…. 아… 현재도 거대한 보이지 않는 세력들과 자금의 흐름이 이루어지고 있으며 이 흐름을 좇아서 허상에 집착하는 많은 종교 지도자들은 자기들의 조직을 새롭게 등장하는 자본 지배 시대에 맞추려고 할 것입니다. 그렇기 때문에 종교라는 이름으로, 새롭게 등장하는 지배 세력과 지배 체제는 정당성을 확보하게 될 것입니다. 이것이 세계적으로 보편성을 띠게 될 것이며 '코스모폴리타니즘'이라는 이름으로 불리게 될 것입니다. 그러나 이것은 새로운 지배층에 불과하며, 오히려 자본주의보다 더 바람직하지 못한 경향으로 흐를 수 있습니다. 우리가 마음 가운데 정말 생명에 대한 경외 사상을 품지 않고 진리에 대한 참된 추구를 하지 않는다면 이러한 움직임들이 확산될 위험이 있습니다. 그러나 우리가 그것을 거부한다면 그들의 등장을 막을 수도 있습니다. 자본주의는 결국 붕괴됩니다. 새로운 시스템이 등장하게 될 것인데, 이것은 앞으로의 인류 미래를 결정하게 되는 기로가 될 것입니다.

김 : 북한의 미래는 어떻습니까?

원 : 북한은 빨리 망하지 않습니다. 그들은 순차적으로 변화될 것이며, 연방제와 비슷한 형태로 합쳐지겠지만 급격한 변화에 의해서 한반도에 있는 사람들이 연합하게 될 것입니다. 앞으로 한국은 동북아시아 지역에 있어서 중국의 동북 3성 쪽과 연합체를 이룰 것입니다…. 티벳의 독립은 아직 힘들지만 동북아 쪽은 100년이 지나기 전에 만주와 그 주변 민족들과의 경제적 연방을 이룰 것입니다. 국경의 의미는 없습니다. 국경보다는 정보와 자본으로 인한 통합체가 탄생하게 될 것입니다….

김 : 일본의 미래는 어떻습니까?

원 : 당분간은 세계 강국들과 위치를 같이할 것입니다. 그러나 2050년대가 그들에게 있어서는 기로가 될 것입니다. 이미 그들은 지금부터 몰락의 길을 가고 있습니다….

김 : 그 몰락의 원인은 무엇입니까?

원 : 그들은 포용성이 없습니다….

김 : 그들의 땅은 안전한가요?

원 : 그 땅에 사는 사람들이 어떤 삶을 살고 어떤 생각을 가지느냐에 따라 달라질 것입니다. 그 땅이 침몰할 수 있다는 증거가, 대표적인 큰 증거들이 등장하게 될 것입니다. 그들은 빨리 돌이켜야 합니다….

김 : 피곤합니까?

원 : 네….

김 : 긴장을 풀고 휴식합니다….

네 번째 퇴행과 마찬가지로 여러 교훈과 예언들이 주어졌다. 억울함을 수용하고 허상과 실상을 구별하는 법, 작은 것 속의 큰 것과 큰 것 속의 작은 것, 조화와 삼위일체설 등에 대한 해설과 함께 기존 종교조직의 문제, 세계 종교운동의 흐름과 주의할 점, 뉴에이지 운동, 북한의 미래, 동북아시아와 일본의 미래에 대해 이야기했다. 이런 메시지들을 전할 때는 엄숙하고 권위 있는 톤의 목소리로 변하면서 아무리 긴 문장도 끊임없이 이어졌고, 질문에 대한 대답도 즉각적으로 들을 수 있었다. 소를 타고 극락에 이르는 과정과 독경 소리가 나는 한옥의 모습은 죽기 전의 문화에 따라 사후의 경험도 정해진다는 사실을 다시 한번 확인시켜준다. 지혜의 목소리들이 주는 교훈의 내용이 지나치게 기독교적이라고 생각할 사람도 있겠지만, 그것은 원종진 환자가 교회에 다니고 나 또한 기독교적 교리가 낯설지 않기 때문이라고 생각한다. 이 목소리들이 전하는 교훈 자체는 분명 초교파적인 보편적 진리와 가치에 대해서 다양하지만 일관된 설명으로 가득 차 있다. 나는 이 정보들이 어디에서 오는 것인지 모른다. 그러나 그 가르침들이 진정 선한 것들을 담고 있다면 그것을 전해주는 목소리들도 분명 선한 존재들일 것이고 미래에 대한 예언 또한 우리를 위해 주어지는 것이라고 믿는다.

　미래에 대해 얘기해주고, 묻는 것에 대해 답을 줄 수 있는 존재들을 만나는 행운을 가진 사람이 과연 몇이나 될까? 기뻐해야 할 일이었지만 이 다섯 번째 퇴행을 마친 후 우리는 서로 마주보며 잠시 말을 잊었다. 둘 다 같은 생각을 하고 있었던 것이다. '왜 우리에게 이런 것들을 이야기해주는가?' 나는 흥분과 함께 불안을 느꼈다. 앞으로 또 어떤 얘기를 듣게 될지 궁금하면서도 두려운 마음이 들었다. 최면 상태에서 이 청년이 쏟아내는 이야기들이 갈수록 놀라운 내용이었기 때문이다. 한편으로는 새로운 실험을 할 수 있다는 기대가 있었다.

　평소에 늘 궁금하면서도 답을 구하지 못하던 문제들을 목소리의 주인공들에게 질문해보기 위해 나는 목록을 작성했다. 모든 것을 알고 있는 듯한 존재를 만나면 누구나 자신의 문제들도 묻고 싶을 것이다. 나도 예외가 아니었다. 그러나 개인적인 문제들보다는 나처럼 결점 많은 사람에게 왜 이런 가르침들이 주어지는지에 대해, 뭔가가 잘못된 것은 아닐까 하는 의문이 더 컸다. 그것은 마치 사무 착오로 내 것이 아닌 좋은 물건이 내게로 잘못 배달되었지만 아직 원래 주인에게 돌려주지 못하고 있는 개운치 못한 기분과 비슷했다. 예언이나 천상의 가르침들은 마음이 순수하고 착한 사람들에게 들리는 것이라고 믿고 있었던 나는, 내가 전혀 그런 사람이 아니라는 것쯤은 알고 있었기 때문이다. 개인적인 일들에 대해 묻고 싶은 호기심도 생겼지만 그 마음은 접어두었다. 그런데 놀랍게도, 내 마음속의 이런 갈등에 대해 전혀 말하지 않았는데도 지혜의 목소리들은 이미 내 마음을 알고 있었고, 여섯 번째 퇴행에서 그에 대한 대답을 들려주었다. 그것은 나에 대한 설명과, 나와 원종진의 관계에 대한 것이었다.

여섯 번째 만남

나의 전생, 원종진과의 관계, 교훈과 예언들

김 : 무엇이 보입니까?

원 : 꽃밭이 보입니다.

김 : 거기가 어딘가요?

원 : 제 마음의 상태를 나타내주고 있습니다.

김 : 지금 마음의 상태가 어떻습니까?

원 : '…사랑하는 자여… 내가 너를 사랑한다….' 이렇게 말하고 있습니다.

김 : 누가 말하고 있습니까?

원 : (강하고 위엄 있는 목소리로) 절대자입니다….

김 : 그의 음성이 들립니까?

원 : 네…. 지혜의 목소리들보다 높은 존재입니다.

김 : 자신의 모습이 보입니까?

원 : 네, 보입니다…. 하얀 옷을 입고 있는데, 그것은 영적인 상태를

말해줍니다…. 투명한 듯한 하얀 옷인데 우리가 땅에서는 구할 수 없는 것입니다…. 마음 가운데 영혼을 사랑하는 마음들이 확장되는 것을 칭찬해주고 있습니다…. 고통을 없이하겠다는 말이 들립니다…. 그리고 선생님을 사랑하라는 말이 들립니다…. 저를 안내하는 자라고 얘기하고 있습니다…. 선생님에 대해 말씀해주고 계시는데… 내적인 투쟁을 많이 벌이는 사람이라고… 갈등의 시기를 지나고, 또한 그 마음에 평화의 구속이 있고 많은 좌절이 있었지만 무엇인가 선한 것을 추구하는 그런 사람이라고 합니다…. 스스로 불행하다고 생각했던 것들을 지금 마음 가운데서 하나씩 하나씩 접어두고, 아직 그 흔적들이 지워지지는 않았지만… 그렇지만 뭔가 가치 있는 것을 추구하십니다…. 둘이서 같이 일할 것을 얘기하고 있습니다…. 전생에서 우리 둘은 형제였습니다…. 선생님이 형이었고 저는 동생이었습니다…. 둘이 무척 친했는데… 형은 열세 살에 죽고 동생도 열네 살에 죽었습니다. 둘은 쌍둥이였군요…. 한 몸과 같았습니다…. 서로 사랑하는 형제였습니다….

김 : 어느 곳에서 살았습니까?

원 : 이집트입니다.

김 : 언제입니까?

원 : 3세기경입니다.

김 : 그들의 이름을 알 수 있습니까?

원 : 데판토르… 레파네오…. 우리는 귀족의 자녀들입니다…. 당시

에 큰 전염병이 있었는데… 그 전염병의 원인은 모래바람이었습니다…. 모래바람 가운데 좋지 못한 것, 세균들이 많이 살고 있어서 물이 오염됐군요…. 이로써 당신이 먼저 죽게 되었고, 그후 저도 결국 죽게 되었습니다…. (무척 괴로운 목소리로) 부모의 그 비탄과 애통해하는 마음을 어떻게 표현할 수가 없군요…. 우리 아버지는 신전의 제사장입니다… 오시리스 신을 숭배하는 사람이었구요…. 행복했던 순간들이 보입니다….

김 : 부모의 이름은 무엇이었나요?

원 : 멜로칸도르가 아버지의 이름입니다…. 어머니는 타시아….

김 : 그 시절에는 제사장도 가정을 가질 수 있었나요?

원 : 원래는 가질 수 없었지만… 가지게 된 겁니다…. 제사장에는 두 부류가 있습니다. 결혼을 하는 제사장과 결혼해서는 안 되는 제사장이 있었는데 우리 아버지는 결혼하면 안 되는 제사장이었습니다…. 가족을 무척 사랑했고, 참으로 심성이 고운 사람이었습니다…. 괴로운 가운데 있었지만 우리들을 몰래 잘 숨겨주었습니다…. 당신은 많은 방황을 한 사람이군요…. 당신은 많은 상처를 받았기 때문에 다른 사람의 상처를 어루만질 수 있는 사람입니다…. 당신은 성장 과정에서도 많은 상처를 입었지만 그 상처의 기원은 그보다 훨씬 이전부터입니다. 당신은 많은 누명을 뒤집어썼고, 바보로 산 때가 있었고, 특별히 굶어 죽거나 광적인 삶을 살기도 했군요…. 그러나 그것은 너무나 착했기 때문에 그런 것입니다…. 아… 농부의 모습이 보입니다….

자신의 마음밭을 갈라고 합니다. 이만큼 하면 되지 않았느냐는 말은 통하지 않습니다. 아무리 밭을 갈아 헤집어도 잔잔한 돌멩이는 나오기 마련입니다. 잔잔한 돌멩이 때문에 식물은 뿌리를 내리지 못하고 농부의 수고가 허사가 되는 것입니다…. 당신과 나는 또 한때 같이 지냈습니다. 13세기경…. 저는 여자였고 당신은 남자였습니다….

김 : 어디서 살았나요?

원 : 프랑스입니다… 아비뇽…. 당신은 당시의 아주 유망한 신부였고 저는 평범한 수녀에 불과했습니다. 당신은 주교까지 올라갔지만 저는 파문을 당했군요…. 우리는 정식으로 한 번도 부부였던 적은 없었지만 이미 부부였던 것입니다…. 이후의 제 삶은 심한 고독과 외로움… 당신의 삶은 화려한 가운데 드리워지는 공허함… 이것이 우리를 만나게 한 것이군요…. 당신은 지금 영예가 얼마나 헛된 것인지 배워가는 중입니다…. 거북이 보입니다…. (무척 굵고 깊은 목소리로) 인생은 바로 이것입니다…. 이 거북의 걸음인 것입니다. 거북은 한 걸음 한 걸음 뗄 때마다 온갖 노력을 다합니다. 그 진보란 것은 참으로 미약한 것입니다…. 바로 그것입니다…. 우리 중에서 뭔가 이루었다고, 영적인 진보가 있었다고, 그것이 우리를 목적지에 금방 다가가게 할까요? 그렇지 않습니다. 우리의 눈이 비록 목적지를 바라보고 있다고 할지라도 우리의 발걸음은 아주 느리기 때문입니다. 그 느린 발걸음 가운데는 돌부리도 있고 선인장 가시도 있습니다.

당신은 코끼리거북을 아십니까? 코끼리거북의 그 길게 늘어뜨린 목…. 코끼리거북은 앞을 바라보고 있습니다. 그러나 때로는 목적지에 다다르기 전에 맹수가 나타나기도 하고 다른 동물이 그 식량을 다 먹어버리기도 합니다. 그것이 인생입니다. 알고는 있으나 다가서지 못하는 많은 일… 그러나 그 다가서지 못함이 현재 우리를 지탱시켜주고 있다는 사실을 알아야 합니다. 우리는 불완전하기 때문에 존재하게 되는 것입니다. 완전하면 존재할 필요가 없다는 말입니다. 우리 각자 안에 있는 그 귀한 영혼들, 영혼의 외침을 들어보십시오. 그 영혼은 목적지를 보고 있습니다만 우리의 거추장스런 몸이 그 영혼의 진보를 가로막고 있습니다. 그러나 원망하지 마십시오. 그것이 당신을 좀 더 튼튼하게 해줍니다. 거북을 장수하게 하는 것은 그 걸음을 느리게 하는 몸이 있기 때문입니다. 당신 영혼의 진보도 이렇게 한계 지어질 수밖에 없는 육신 가운데, 인생 가운데 있기 때문에 가능한 것입니다. 그러므로 반복되는 삶의 고통을 두려워하거나 한탄하지 마십시오. 이것을 겪지 않으면 당신은 나아갈 수 없습니다…. 과자 그림이 보입니다…. 과자가 부서져서 우리 몸 안에 스며들 듯이 우리 영혼도 원래의 형태에서 바스러져서 많은 사람의 몸으로 스며들어가야 합니다. 때로는 달콤한 입맛 속으로, 때로는 쓴 입맛 속으로, 음식 안에 들어갈 때 그 형체가 부서지고 그 맛이 입 속에서 분해되어 사그라듭니다. 사람들은 그 음식의 남은 모습을 똥이라 하고 추하다고 하여 비웃습니다. 그러나 그 음식이 주는 기운의 고마움을 느끼지는 않지요…. 당신이 만약 다른 사람들을 위해서 자신의 영혼을 희생시켜 다른 사람들을 살린다고 합시다. 사람들이 당신을 보고 고맙다고 할 것 같습니까? 천만의 말씀입니다…. 당신의 영혼이 주는 고마움은 느끼지만 그것을 받아들이고 따라갈 때 자기에게 주어지는 손해 때문에 오히려 당신을 더 멀리하려고 할 것입니다…. 그러나 섬기려 하는 자가 멸시받고 더러운 모습이 된다고 하지만 음식이 똥이 되지 않으면 그 모든 사람에게 무슨 힘을 줄 수 있겠습니까? 우리가 남에게 진정한 도움이 되는 것은 바로 우리가 똥이 될 때입니다…. 누가 그 사람을 움직입니까? 누가 그 몸을 움직이게 합니까? 내 에너지가 그 사람을 움직이게 하는 것입니다. 나를 먹은 자가 나로 말미암아 움직이게 된다는 것입니다. 그러나 그 사람은 자기가 움직인다고 생각하겠지요. 가르침이란, 스승은 똥이 되어야 하고 제자는 자기가 모든 것을 다 한다고 생각할 수 있게 해주어야하는 것입니다. 그것이 진정한 '가이딩(길 안내)'입니다. 그러나 그 똥 안에는 새로운 생명력이 있습니다…. 이상입니다.

김 : 지금 어디 있습니까?

원 : 저의 의식 가운데 있습니다.

김 : 주위에 누가 있습니까?

원 : 보이지 않습니다…. (잠시 침묵한 후) 베이스캠프를 쳐야 합니다. 인생의 베이스캠프를 치십시오…. 산꼭대기를 정복한 자는 그

기쁨에 도취되지만 베이스캠프가 없으면 그는 산을 정복할 수가 없습니다…. 누가 더 위대한 사람입니까? 등정한 사람입니까? 베이스캠프에 남아 있는 사람입니까? 둘 다 소중합니다…. 이상입니다.

김 : 얘기가 끝났습니까?

원 : 아니오…. 저는 잠시 쉬어야겠습니다….

김 : 휴식하십시오.

원 : (20초쯤 휴식 후 갑자기) 남북은 결국 통일이 됩니다…. 많은 사람의 얼굴이 한반도 지도 위에 보입니다…. 엄청난 에너지를 주체할 길이 없어지는 것이지요. 우리는 시베리아를 식민지로 삼게 됩니다…. 그러나 한민족이 경영하는 식민지는 자본주의국가들이 운영했던 식민지와는 다르게 됩니다…. 전 세계는 한국에게 있어서 정신적 식민지가 될 것입니다. 한국은 그들을 섬기는 나라가 되어야 할 것입니다…. 먼저 섬기기 위해서 자기 안에 흔적과 상처를 남기는 것입니다…. 아픔이 없는 자는 위로할 수 없듯이 혼란을 겪지 않고는 질서를 잡을 수 없습니다. 앞으로 이 나라에서 위대한 정신적 지도자가 나올 것입니다…. 그렇다고 해서 다른 나라에서는 나오지 않는다는 것이 아닙니다. 중국과 인도… 프랑스와 저 멀리 아프리카에서까지 많은 지도자가 나올 것입니다…. 지금 그들은 살아 있습니다…. 그들이 활동할 때는 몇 십 년 후가 될 것입니다…. 기대하십시오…. 이론의 출발은 한국에서 이루어집니다. 그러나 그것은 한국의 것

이 아닙니다. 인류 보편의 것입니다…. 그러므로 어리석은 민족주의적 관점으로 바라보지 마십시오. 어느 곳에서 시작되었든 누가 섬기든 인류는 그것을 함께 누려야 합니다…. 모든 진리가 하나로 통하게 되고 많은 민중을 가르치기 위해서 다른 모습으로 나타났던 것들이 원래의 한 맥을 이루게 될 것입니다…. 이상입니다.

김 : 그 목소리를 전하는 것이 영상을 보는 것보다 더 힘이 듭니까?

원 : 그렇지 않습니다…. 저는 지금 전원을 연결한 컴퓨터와 같습니다…. 화면에는 아무것도 뜨지 않지만 내적으로는 복잡하게 돌아가는군요…. 오늘은 유달리 컨디션이 좋은 날입니다. 많은 메시지가 쏟아져 들어와 저를 쉬지 못하게 하는군요…. (30초쯤 침묵한 후) 내 심장이 보입니다. 내 심장 벽에는 노르스름한 물질이 끼어 있습니다. 이 물질을 없애는 방법은 몸 안의 진동수를 조절하는 것입니다…. 지금은 약물로 녹여내지만 앞으로는 새로운 치료법이 나올 것입니다. 즉 그 콜레스테롤이 가지고 있는 원자들의 떨림과 내 세포를 이루는 원자들의 떨림이 서로 마찰이 일어나서 콜레스테롤이 도저히 혈관 벽에 붙어 있지 못하게 될 것입니다. 그러므로 씻겨나가게 되는 것이지요. 그러나 이런 것을 위해서는 많은 사람이 정신적인 삶을 살아야 합니다…. 우리 안에 있는 모든 좋지 않은 바이러스와 세균도 우리가 영적인 진동을 울릴 때 떨어져나갈 것입니다. 그러므로 고귀한 정신은 고귀한 육체를 만들게 됩니다. 이것은 미래의 의학이

될 것입니다. 많은 정신적 지도자가 이제껏 많은 사람이 해왔던 것들을 더 발달시킬 것입니다. 그때의 의학은 지금의 서양의학처럼 세분화하고 화학적 작용을 거치거나, 한의학처럼 단순히 물질적 기운에 머무는 것이 아닙니다. 영혼과 몸을 함께 돌보므로, 영혼의 떨림으로 그 육신까지 씻어내게 될 것입니다. 그러므로 사람은 육체의 한계를 극복하여 그 수명이 연장될 것입니다. 마음이 모든 관심의 중심이 됩니다. 알려지지 않았던 영역의 마음이 이제 그 신비의 베일을 벗게 될 것입니다…. 실증주의적 과학관은 이미 한계에 도달했습니다. 실증주의적 합리주의가 도달한 결론은 불가지론과 비슷합니다. 그것은 실증주의가 믿을 수 없는 도구라는 결론입니다. 여기저기서 실증주의를 폐기하려는 움직임들이 나타날 것입니다…. 왜 폐기되느냐구요? 정확히 재는 잣대가 없기 때문입니다. 무엇이 정확한 잣대입니까? 영혼과 마음입니다. 정확한 잣대가 나타났는데 비뚤어진 잣대를 사용할 필요가 없지요…. 이상입니다.

김 : 쉬고 싶으면 쉬고… 들리거나 보이면 말하십시오….

원 : 소가 보입니다…. 아프리카에는 순수한 영혼들이 많이 모여 있습니다…. 그 영혼들의 에너지가 크게 작용할 것입니다. 그 어린아이 같은 영혼들이 이 땅들을 변화시킬 수 있는 에너지로 작용하게 될 것입니다…. 지금은 저렇게 비참한 땅이지만, 그렇기 때문에 아프리카가 오염되는 것을 막아야 합니다. 점점 더 물질로 오염되고 있습니다. 그러나 저 맑은 영혼들은 오염되어서는

안 됩니다…. 그리고 중앙아시아, 히말라야 쪽, 우리가 알지 못하는 곳에 가려져서 살았던 많은 사람의 영혼이, 그 영혼들의 진동과 주파수가 시대를 변화시킬 것입니다…. 역천자(逆天者)가 무엇이고 순천자(順天者)가 무엇입니까? 순천자는 우주의 떨림에 자신의 떨림을 맞춘 자입니다. 왜 인류는 멸망한다고 아우성일까요? 종말이 가까울수록 우주의 떨림에서 자신의 떨림을 떼어내버리기 때문입니다. 자신의 진동을 우주의 진동에 맞추어야 하는데 그 진동을 알지 못하므로 그 진동의 파괴력에 의해서 물질문명은 파괴되는 것입니다. 그러나 그 이후에 새로운 정신문명, 즉 이제껏 우주의 진동에 자기 영혼의 진동을 맞추었던 사람들이 그 우주의 증폭된 힘을 다시 앰프와 같이 증폭시킬 것입니다. 그것이 도덕적인 영향력으로 많은 사람을 감동시키게 되고, 그것이 그들에게는 하나의 권위가 되어 리더가 되는 것입니다. 이 나라에 그런 움직임들이 강하다는 것입니다….

김 : 우리나라가 그런 움직임이 강합니까?

원 : 지금 현재로선 그렇습니다…. 많은 사이비 종교가 등장하는 것은 그 힘을 주체할 수 없기 때문입니다. 다른 나라에서 일어나는 사이비 종교와는 다른 양상입니다. 그 넘쳐나는 에너지들이 이제 시작입니다. 더욱더 증폭될 것입니다. 다른 나라의 사이비 종교와 정신적 퇴폐가 썩은 물과 같은 것이라면 이 땅의 사이비 종교는… 글쎄요… 느낌은 있는데 정확한 비유가 안 떠오르는군요.

김 : 쓸 만한 점이 있다는 뜻입니까?

원 : 아주 다이내믹합니다.

김 : 순전히 악하지만은 않다는 뜻입니까?

원 : 아니오, 아직은 혼탁합니다…. 우주의 떨림을 받아낼 만한 그릇이 별로 없습니다. 흐르는 것입니다. 당신은 맥주를 마셔보았겠지요? 맥주를 잔에 부었을 때 어떻게 됩니까? 거품은 넘쳐나는 것입니다. 진정되기를 기다려야 되겠지요. 그만큼 다이내믹하게 붓고 부어지고 있다는 뜻입니다. 그것들을 받아서 쌓아나갈 사람들이 있을 것입니다. 그 내면을 비워내고 영혼을 사랑하기 위해 애쓰는 자들은 그것을 받을 것입니다. 증폭되고 확장될 것입니다. 그 기운들이 넘쳐날 것입니다…. 오늘은 여기까지만 해야 될 것 같습니다.

김 : 피곤합니까?

원 : 그렇지 않습니다. 그렇게 하라고 말합니다.

김 : 좋습니다…. 잠시 휴식합니다…. 그대로 모든 영상을 머리에서 지우고 휴식하십시오….

잠시 휴식 후, 더 진행할 수 있을지를 물었다.

원 : 영상과 목소리들이 한꺼번에 얽힙니다…. 제 에너지가 너무 소모되었나 봅니다…. 그만하는 게 좋겠는데요….

잠시 후 깨어난 그는 광대한 우주 공간의 가운데에 떠서 그 장엄한

광경을 바라보았다고 말했다. 그 느낌을 표현할 말이 없지만 마치 큰 아이맥스 영화관의 스크린 속에 들어온 것 같았다고 했다. 지난번 퇴행까지는 내가 주도적으로 그를 이끌었지만 이번에는 완전히 그가 주도했고, 나는 계속되는 그의 얘기를 들을 수밖에 없었다. 목소리들은 이번 퇴행에서 나의 전생에 대해 구체적인 이야기와 힌트를 주었다. 내 전생에 대한 궁금증은 내색한 적이 없지만 목소리들은 내 마음을 읽은 듯했다. 다른 환자가 자신의 전생에서 나를 보았노라고 얘기한 적이 한 번 있었고, 그 배경은 수백 년 전이었다. 이제 나는 최소 세 가지의 내 전생에 대해 얻어들은 셈이다. 나는 이 말들을 일단 믿는다. 나는 보지 못했고 그들은 보았다고 하고, 다른 모든 일에서 성실하고 정직한 사람들이 그런 거짓말을 지어낼 이유가 없기 때문이다.

전생의 기억 속에서 현재의 아는 사람들을 어떻게 알아보느냐는 내 질문에 환자들은 한결같이 "그냥 보면 저절로 알게 돼요."라고 대답을 하고, 모르는 사람들에 대해서는 "전혀 모른다는 느낌이 들어요."라고 대답한다. 우리의 잠재의식 속에는 동일한 영혼을 알아보는 능력이 있는 듯하다.

내게는 어릴 때부터 정신적 방황과 독선적이고 지나치게 독립적인 사고방식들, 부당한 권위에 대한 철저한 부정과 어떤 권위 앞에서도 위축되지 않는 건방짐, 극도의 자제력과 무책임한 방종이 공존하는 모순이 있었다. 나는 충동적이고 제멋대로인 데다가 자기합리화와 게으름의 화신이었지만, 많은 독서와 생각은 언제나 내 생활의 중심이었다. 차가운 논리와 실증적 사고가 기본적으로 내게 맞았고, 윤회와 영혼의 존재에 대한 내 개인적인 결론도 많은 생각과 검증 끝에 얻은 철저히 논리적인 귀결이었다. 목소리들이 말해주는 현재 삶의 과거들은 모두 맞았고, 전생에 대한 얘기들도 아마 맞을 것이다. 옷깃만 스쳐도 삼생의 인연이 있다는 부처의 가르침이 사실이라면, 나를 찾아와 자기 전생의 비밀과 지혜의 목소리를 함께 듣고 있는 이 청년과 나의 관계는 그의 이야기처럼 한때 형제나 연인 사이였을 수도 있을 것이다.

또한 삶의 고통과 그 이유, 한국의 미래, 미래의 정신적 사회, 미래 의학, 아프리카와 티베트의 순수한 영혼들의 힘, 논리적 과학실증주의의 한계, 사이비 종교의 발생 이유 등 폭넓고 다양한 주제들이었다. 각각의 내용에 대한 판단은 여러분 스스로 할 수 있을 것이다.

일곱 번째 만남
제3의 방, 이 만남의 의미, 내 문제들, 빙의 현상과 예언들

일곱 번째 퇴행은 이상하게 시작되었다. 왠지 모르지만 시작부터 막연하게 불안정한 느낌이 들었고, 내 마음의 이런 파동은 그에게도 전달되는 듯 완전한 이완과 깊은 최면 상태로 이행하는 것이 평소보다 어려웠다. 전생으로의 퇴행을 암시하고 무엇이 보이는지를 물었다.

원 : 아무것도 안 보입니다…. 목소리가 들립니다…. '이 사람에게 너무 많은 것을 기대하지 마십시오….'라고 합니다.

심 : 그 말은 누가 합니까?

원 : …저를 지키고 있는 존재입니다…. 저와 항상 함께하는… 그런 존재입니다….

심 : 당신을 보호하는 영적 존재인가요?

원 : 네…. '이 사람은 좀 더 보호되어야 하고, 감추어져야 하고, 숨겨져야 하는 사람입니다.'라고 이야기합니다…. 그리고 저의 호

흡을 좀 더 가다듬어주라고 합니다.

김 : 어떻게 도와주라고 합니까?

원 : …더 부드럽게 터치해주라고 합니다…. 다시 문 밖으로 나가서 계단을 거꾸로 올라가고, 좀 더 편안한 상태에서 진행하라고 합니다…. 제 눈앞에 뭔가 많은 것이 펼쳐질 것 같은데, 제한받고 있습니다…. 심장이 많이 뛰고 있습니다….

김 : 모든 영상을 머리에서 지우고… 깊이 휴식하십시오…. 모든 영상을 지우고 쉽니다….

최면 유도 과정을 잘 모르는 독자들을 위해 간단한 설명이 필요할 것 같다. 일단 최면 상태에 들어간 후 전생으로의 퇴행을 유도하는 방법은 여러 가지가 있다. 사람에 따라 다른 방법을 쓰기도 하지만 이 환자의 경우는 상상 속의 계단으로 내려가 문을 열고 과거로 들어가라는 암시를 이용했고 늘 쉽게 성공했었다. 그러나 이날은 그 과정을 거꾸로 다시 한 후 더 편안한 상태에서 진행해달라는 요구를 받은 것이다. 잠시 호흡을 조절한 후 문을 나와 계단을 다시 올라갈 것을 지시했지만 그는 "계단을 올라갈 수가 없습니다…. 제3의 방으로 들어가라고 명령해주십시오…."라고 말했다. 나는 속으로 놀랐지만 '제3의 방'으로 들어갈 것을 명했고, 그는 곧 안정된 목소리로 "그 방에 들어왔습니다."라고 보고했다.

김 : 무엇이 보입니까?

원 : (이제는 안정된 듯 힘 있는 목소리로) 여기는 지식의 창고이며, 지혜의 창고입니다….

김 : 그곳에 당신 혼자 있습니까?

원 : 저 혼자지만… 많은 사람이 왔다 갔습니다.

김 : 어떤 사람들이 왔다 갔습니까?

원 : 소위 말하는 현자들과… 예언자들이 왔다 갔습니다. 당신이 알고 있는 '아카식 레코드(Akashic Record)'라는 곳을 말하고 있습니다.

김 : 아카식 레코드의 창고입니까?

원 : 맞습니다.

김 : 그곳에 들어간 이유가 뭡니까?

원 : 많은 사람에게 많은 것을 가르쳐주고 싶습니다.

김 : 지금의 대답은 당신을 지키는 분의 대답입니까?

원 : (강하게) 그렇습니다….

김 : 우리는 어떤 것을 배울 수 있습니까?

원 : 이 만남을 통해서 당신과 이 사람은 인생의 소중한 것들을 새롭게 배우게 됩니다. 그리고 앞으로 우리가 무엇을 준비해야 할 것인지를 알게 될 것입니다. 더불어 이 사람을 통해서 당신은 당신 내면의 여러 가지 문제와 갈등을 치유받게 될 것입니다…,

심 : 이 만남을 통해서 모든 인류의 발전에 기여할 수 있습니까?

원 : 거기에는 한 가지 조건이 따릅니다…. 그러한 호기심을 개인적인 영예나 관심사로 돌려서는 안 된다는 것입니다…. 당신은

자신이 가지고 있는 내면의 모습들⋯ 어린아이 같은 모습으로 참여해야 합니다⋯. 그렇습니다⋯. 나는 당신이 사람들의 영혼에 많은 관심이 있다는 것을 알고 있지만, 그러나 당신도 치유받아야 할 부분이 많습니다. 이 과정을 통해서 나타나는 것들로 당신의 이론이 입증되더라도 쾌감을 느끼거나 만족을 느껴서는 안 됩니다⋯. 이 과정의 모든 것이 우리를 녹이는 것으로 사용되어야 합니다. 많은 사람을 만족케 하고⋯ 근원적인 만족, 진리에 대한 만족을 채우는 데 사용되어야 합니다. 두 번째, 이 사람은 정말 보호받을 필요가 있습니다. 아직 이 사람의 때는 아니지만 언젠가 이 사람의 때가 올 것입니다⋯. 그때 힘이 되어주십시오⋯. 당신의 동생처럼, 친구처럼, 제자처럼 그렇게 만나십시오⋯. 좋은 관계가 될 것입니다⋯. 아⋯ 그리고⋯ 선생님의 마음이 보입니다⋯. 얽힌 실타래와 맑은 샘물⋯ 당신에게는 아직도 풀어야 할 문제가 있습니다⋯. 좀 더 솔직해질 필요가 있군요⋯. 그러나 많은 노력이 있었다는 것을 우리는 압니다⋯. 우리 함께 진리의 탐험을 해봅시다⋯. 질문할 것이 있으면 질문해주십시오⋯.

김 : 제 동생에 대해서 얘기해줄 수 있습니까?

원 : ⋯그에 대해서⋯ 원한도 있고⋯ 안타깝게 여기는 부분도 있습니다⋯. 지금 제 눈앞에는 굉장히 넓은 곳, 광대한 곳이 펼쳐집니다⋯. 저는 그 가운데에 묻혀 작은 것이 됩니다⋯. 동생에 대해 얘기하는 것들이 더 이상 들리지 않습니다⋯.

김 : 개인적 관심사는 묻지 않는 것이 좋은가요?

원 : 그것은 일차적으로는 저한테 문제가 있다고 합니다…. 자신감의 결여…. 두 번째로는, 개인적 관심사의 질문은 일차적으로는 존재에 대한 확신을 가질 수 있지만 잘못된 방향으로 흐를 수도 있을 것 같습니다….

김 : 그가 죽은 상황에 대해서 알 수 있습니까?

원 : …무척 억울했던 것 같습니다…. 동생이 사고로 죽었다고 생각하십니까?

김 : 아닙니다.

원 : 그렇습니다.

김 : 누군가의 손에 죽었나요?

원 : 무척 억울한 죽음입니다…. 당신의 동생은 무척 오랫동안이나 많은 고뇌에 싸여 있던 사람인 것 같습니다…. 그러나 당신은 당신의 동생을 죽였다고 생각되는 사람들에게 원한을 가져서는 안 됩니다…. 당신의 부모님과 또 당신의 가족들이 그 사건으로 인해서 엄청난 고통을 겪었고 그로 인해서 상당 기간 고생을 했지만… 원한을 풀어버리십시오….

김 : 그를 위해 내가 해줄 수 있는 일이 무엇이 있습니까?

원 : …하나의 고리를 풀 수 있는 사람은 열 개의 고리도 풀 수 있습니다…. 지금 당신의 가장 가까운 사람 중에, 혹 그 사람으로 인해 당신이 상처를 받았다거나 어려움을 겪었던 부분들이 있다면 그것부터 용서하십시오…. 그리고 그 사람 입장에서 그것

을 바라보십시오…. 그리 한다면 능히 그들도 용서해줄 수 있을 것입니다…. 당신은 선천적으로 공격적인 성향과 또 상처받기 쉬운 마음을 가지고 있습니다…. 그것이 지금도 당신에게 고통이 된다는 것을 알고 있습니다…. 이제 우리의 메시지를 통해서 당신도 변화되어야 하지 않겠습니까…? 당신이 누군가를 마음 아프게 하고 그 관계 속에서 괴로워했던 날들을 돌이켜 보십시오…. 실상 그것은 아무것도 아니었습니다…. 그렇습니다…. 우리는 어떤 관점에서 보느냐에 따라서 정말 큰 문제가 작아질 수도 있고, 아무것도 아닌 것이 당신을 옭아매는 올가미가 될 수도 있습니다…. (크고 강한 목소리로 빠르게) 당신의 전생에서 비롯되는 그 까닭 모를 분노와 원한들, 그것으로부터 당신은 자유로워야 합니다. 당신은 많은 사람의 마음을 편안하게 만들어주지만, 그럴수록 당신 가운데 더욱더 많은 회의가 있군요…. 그러나 그 허탈함과 내적인 고통을, 풀어줄 수 없는 부분을 이제는 내려놓아야 합니다. 이 만남을 통해서 당신도 치료를 받아야 합니다. 그리고 당신의 마음이 변화되는 정도를 체크하셔야 합니다. 내 마음 가운데 있는 원한을 풀지 않고 많은 사람을 유익하게 해준다는 것은 자기만족적인 결과로 흐르기 쉽습니다. 내 안에 있는 비수를 버리지 않고 다른 사람에게 비수를 버리라고 하는 것은 위선이요 허위요 기만이기 때문입니다…. 여기까지입니다….

김 : 지금도 그 방 안에 있습니까?

원 : 그런 것 같습니다.

김 : 어떤 질문도 허용되는 것입니까?

원 : 대답은 없지만 한번 해보십시오.

김 : '빙의 현상(憑依現像, Spirit Possession)'이란 것이 실제로 사람을 아프게 할 수 있습니까?

원 : (즉각) 그렇습니다.

김 : 그런 현상이 많이 있습니까?

원 : 많습니다.

김 : 해결 방법은 무엇인가요?

원 : …빙의 현상이 일어나는 가장 중요한 원인은 자기 자신을 용납하지 않는 것, 또는 너무 강하게 집착하는 것입니다. 빙의는 어떤 영들이 그 사람을 괴롭히기보다는 그 사람이 가지고 있는 집착과 애증이 우주 가운데 있는 그런 기운들을 불러모으는 것입니다…. 서로 고통을 주고받는 것이지요….

김 : 마음의 집착을 풀면 결국 악령이라는 것들도 흩어진다는 뜻인가요?

원 : 그렇습니다…. 자기가 물리치는 것이 아니라 우주의 선한 기운, 곧 성령이 들어올 때 그 더러운 기운들은 나갈 수밖에 없는 것입니다.

김 : 모든 빙의 현상은 자기 마음이 만들어내는 것이군요?

원 : 꼭 그렇지는 않습니다…. 대부분 그렇다는 것이지요. 실제로 강력한 영에 의해서 빙의 현상이 일어날 수도 있습니다. 그러나

그런 경우는 아주 드문 일입니다⋯.

김 : 그런 경우에는 어떻게 해결합니까?

원 : 지금으로서는 기다리라고 말해야겠군요.

김 : 지금 이 만남을 통해서 사람들에게 도움이 되도록 같이 작업해 나가는 것이 의미가 있는 일입니까? 미래에 대한 준비인가요?

원 : 그렇습니다⋯. 그러나 이 사람은 보호되어야 합니다. 더 큰 일을 하기 위해서는 우선 보호되어야 하고 여러 가지 면에서 당신에게 도움이 될 수 있을 것입니다. 서로가 가지고 있는 순수한 마음들을 교류하면서 리드를 잘해나갈 수 있을 겁니다⋯.

김 : 이스라엘의 미래는 어떻습니까?

원 : ⋯피⋯라고 할 수 있습니다⋯. 이스라엘은⋯ 지금 영상들이 조금씩 흐려지고 있는데⋯ 일단 이스라엘은 자기들이 저지른 잘못에 대한 보복을 받게 될 것입니다⋯. 너무 많은 피를 흘렸고⋯ 타협할 줄 모르는 것들이 필요 이상의 많은 피를 흘렸습니다⋯. 그리고 너무 많은 범죄를 저질렀습니다. 그에 상응하는 대가를 받게 될 것입니다⋯. 이제는 자꾸 제3의 방에서 나오려고 하고 있습니다.

김 : 나가라고 합니까?

원 : 아니오.

김 : 왜 나오려고 합니까?

원 : 있기가 두렵습니다⋯.

김 : 보이는 영상들이 두려운가요?

원 : 그런 것은 아닙니다⋯.

김 : 떠날 때가 된 것입니까?

원 : 그것보다는 지혜의 목소리들의 권위를 무너뜨리지 않을까 하는 두려움이 있습니다.

김 : 그들도 지상으로 다시 돌아올 수 있습니까?

원 : ⋯그들 중에서 지금 현재 세상에서 일을 하고 있는 사람들도 있습니다⋯. 그러나 그들은 개체적인 존재가 아닙니다⋯. 개체적 존재가 아니라, 하나의 완전한 존재이고 또한 동시성을 띠고 있습니다⋯. 각자의 마음 가운데도 있을 수 있고⋯ 그 자체가 하나의 실체로서 존재할 수도 있습니다⋯. 소위 기독교의 성령이라는 것, 불교의 불심이라는 것들이 사실상 지혜의 목소리, 즉 수준 높은 영(靈)들이 작용하는 것입니다⋯.

김 : 내 마음속의 실타래를 풀고 갈등을 해소하기 위해 힘써야 되는 부분들을 알려주십시오.

원 : ⋯당신은 현재의 모습으로도 훌륭하게 자신을 다듬어나가고 있습니다⋯. 어릴 때의 기억들에서 자유로워질 필요가 있습니다⋯.

김 : 나의 공격적인 성향은 전생으로부터 기인한 것입니까?

원 : 그런 것 같습니다⋯. 당신은 아주 귀하게 자랐지만⋯ 엄청난 자존심의 상처를 입었던 사람입니다⋯. (안타까운 듯) 당신의 가운데 있는 그 풀어지지 않는 답답함들이⋯ 결국은 그쪽에서 왔다고 할 수밖에 없군요⋯. 당신은 무척 훌륭한 사람이라고 할

수 있지만… 자라면서 겪었던 여러 가지 좌절들… 한번 좌절한 것에 대한 두려움들이 남아 있군요…. 전생이라고 할 수 있습니다….

김 : 이 사람(원종진)을 도울 수 있는 방법들을 더 말해줄 수 있습니까?

원 : 서로 규칙적인 교류가 필요합니다…. 쉴 수 있는 안식처 같은 사람이 되어줄 필요가 있구요…. 카운슬러로서… 혹은 영적인 부분을 나누는 친구로서… 그런 관계를 지속해가는 것이 좋을 것 같습니다….

김 : 다른 질문을 해도 되겠습니까?

원 : …질문하신다면 대답하는 것이 망설여질 것 같습니다…. 다시 혼란스러움이 찾아오기 시작합니다.

김 : 더 진행하기 어려운가요?

원 : 이 어려움은 하나의 두려움과 불안감 때문인데… 왜냐하면 질문에 대해서 정확한 답을 해야 한다는 압박감들이… 목소리들과의 정보 교류에 있어 하나의 장애로 등장합니다….

김 : 더 질문을 하지 않겠습니다…. 마음에 떠오르는 것들을 얘기하십시오…. 긴장을 풀고 그 방에서 허용된 것들을 둘러보십시오…. 누구에게나 도움을 주고, 우리가 배워야 할 것들을 부담 없이 볼 수 있을 겁니다…. 아무것도 들리지 않으면 휴식하고, 뭐든 얘기해주면 편안하게 들으십시오….

원 : (엄숙하게) 나는 당신을 사랑합니다…. 이것은 지혜의 목소리가

아닙니다…. 인간적으로 상당한 신뢰를 가지고 있지만, 또한 당신은 인간적인 단점도 가지고 있습니다…. (한참 침묵한 후) 저에게 휴식을 명령해주셨으면 합니다….

김 : 휴식하십시오…. 긴장을 풀고… 압박감에서 벗어나서… 편안하게 휴식하십시오.

원 : (1분 정도 깊은 휴식을 한 후) 제 눈앞에 영상들이 떠오릅니다…. 그러나 자신 있게 얘기하기는 어렵습니다….

김 : 보이는 대로 얘기합니다…. 긴장하지 말고… 그대로 바라봅니다….

원 : (잠시 침묵한 후) 미국 ○○○ 대통령의 얼굴이 떠오르구요…. 그 사람으로 인해서 많은 사람이 피를 흘린다고 얘기합니다…. 이것은 어떤 전쟁을 의미하는 것은 아니고… 하나의 음모를 말하는 것입니다…. 미국은 그가 행한 악으로 인해서 멸망하게 될 것입니다…. 너무 많은 악을 행했습니다…. 내적인 통제를 잃어갈 것이고… 그 상실은 물리적인, 또 정신적인 모습으로 나타날 것입니다…. 흑인 공화국을 세우려는 움직임이 나타날 것입니다. 연방은 와해될 것이고, 다시 작은 연방들이 생겨날 것입니다…. 그렇지만 그 연방들이 완전히 관계를 단절하지는 않고 좀 더 느슨한 연방 체제로…. 그러나 그중에는 적대적인 관계도 나타날 것입니다….

김 : 가까운 장래의 얘기입니까?

원 : 그렇게 멀지는 않습니다…. 각 주마다 독립된 군대를 가지려고

할 것입니다…. (아주 강한 어조로) 미국의 시대는 끝입니다….

김 : 세계적인 큰 전쟁이 또 우리를 기다리고 있습니까?

원 : 그렇습니다.

김 : 어느 나라들의 싸움입니까?

원 : …이 전쟁은 영적인 정화의 길로 가는 데 필수적인 것입니다…. 문명의 정리라고나 할까요….

김 : 흔히 말하는 아마겟돈입니까?

원 : 그렇다고 할 수 있습니다.

김 : 그 전쟁에서 한국의 역할이 있습니까?

원 : 그 이후의 역할이 있습니다….

김 : 그 전쟁에도 참여하나요?

원 : 아닙니다.

김 : 피해를 입지 않나요?

원 : 없습니다…. 기존의 동맹들이 다 무너지고 새로운 동맹들이 생기게 됩니다…. 아직은 구체적으로 얘기할 때가 아닌 것 같습니다…. (잠시 침묵한 후) 보리빵의 그림이 보입니다….

김 : 무슨 의미인가요?

원 : 음성들은 들리는데 무엇을 의미하는지는 잘 모르겠군요…. 그 말의 내용들과 저의 주파수를 일치시킬 수가 없습니다.

김 : 너무 많은 정보가 쏟아져 들어오는 것입니까?

원 : 그렇지 않습니다.

김 : 몸 상태가 좋지 않은 것입니까?

원 : …안정이 깨진 상태입니다….

김 : 좀 더 휴식할까요?

원 : 휴식을 해도 될 것 같지 않습니다….

김 : 오늘은 그만합시다….

원 : 네.

    일곱 번째 작업을 마쳤을 때, 우리는 둘 다 마음이 무거웠다. 감당할 수 없는 일을 떠안은 느낌이었고, 전해지는 미래의 메시지들이 그대로 알려진다면 사회적으로 물의를 일으킬 수 있는 것들이 많았기 때문이다. 목소리들은 우리에게 같이 작업을 하라고 했고, 다가오는 시대에 대해 준비시키기 위한 것이라고 했다. 세상에 알리되, 자신의 영예와 지적 호기심의 만족을 위한 목적이 아니어야 한다고 했고, 이 청년은 보호받아야 한다고 강조했다. 그와 나는 이런 문제들에 대해 의논했고, 겸손하고 욕심 없는 마음으로 작업을 계속하기로 결정했다. 개인적 호기심에 따른 질문이나 신변의 문제들은 모두 접어두기로 했고, 오직 그를 지켜준다는 존재와 지혜의 목소리들이 이끌어주는 대로, 보여주는 대로 수용하기로 했다. 이 작업이 어디까지 갈 것인지 알 수는 없었지만, 그 또한 우리가 결정할 문제가 아닌 것 같았다.

    아카식 레코드(Akashic Record)란 무엇인가? 최면 상태에서 불가사의한 많은 정보를 얘기하고, 수많은 사람의 병을 고쳐주었으며, 미래에 대한 많은 예언을 했던 20세기 초 미국의 에드거 케이시(Edgar Cayce)는 자신의 모든 정보가 '아카식 레코드'에서 나온다고 했다. 여기에는 우주의 모든 정보가 보관되어 있다고도 말했다. 역사상의 현자들과 예언자들은 어떤 경로를 통해서건 이 정보의 창고에서 영감과 예언들을 얻었을 것이다. 우리를 안내하는 목소리도 그 사실을 확인해주었다.

내게는 동생이 하나 있었다. 세 살 차이 나는 우리는 언제나 가까웠고, 그 아이가 자라 나와 키가 비슷해질 무렵에는 동생이라기보다 가장 가까운 친구가 되어 있었다. 우리는 많은 장난과 대화와 비밀을 나누고 서로를 이해하고 존중하는 진정한 형제였다. 독선적이고 변덕스러운 나와는 반대로 점잖고 너그러운 따뜻함을 가졌던 그는 오히려 형인 나의 모순들을 지적해주고 걱정해주었다.

1982년 서강대 경영학과를 졸업하고 ROTC 20기로 임관한 그는, 그해 6월에 훈련을 마치고 강원도 양구의 21사단에 배속되어 휴전선의 철책을 경비하는 소대장으로 근무하게 되었다. 언제나 소대원들의 불우한 처지를 안타까워했고, 내게 그들을 위해 운동에 관한 잡지들을 보내줄 것을 부탁했었다. 그는 낙천적이고 욕심 없는 성품으로 주위에 언제나 좋은 친구들이 많이 모여들었다. 임지로 떠난 지 석 달 만인 1982년 9월 22일 새벽, 그가 죽었다는 전화 연락이 왔다. 늘 순찰을 돌던 산등성이의 포진지에서 머리에 총을 맞은 채 발견되었다는 것이다. 부대에서는 자살로 처리하려 했고, 같은 사단과 인근 사단에 있던 ROTC 20기 동기들은 '절대 그럴 리 없다.'고 주장하며 자신들을 위해서라도 이 죽음을 파헤쳐달라고, 소식을 듣고 정신없이 달려간 내게

매달렸다. 모든 정황을 살펴보았을 때 그의 죽음은 결코 자살이 아니었고, 그에 따라 우리 가족은 육군범죄수사대와 국방부 등에도 탄원서를 냈지만 그 시절 군사정권 아래에서 군대 내의 사망 사건이 그런다고 해서 밝혀질 일이 아니었다.

동생의 일은 결국 하나의 의문사로 남았고, 우리 가족은 크게 상처받았다. 동생이 죽기 얼마 전 서강대에서 가톨릭 교리를 배웠던 수녀님께 보낸 편지에는 '이곳에서 진실을 말하는 것은 타인에 의한 자살 신청서와 같습니다.'라는 내용이 있었고, 죽던 날 밤에 철책에 투입할 소대원들의 명단과 순찰 계획이 바지 주머니에서 발견되었으니, 새벽에 죽을 마음을 먹었다면 그런 계획을 적거나 주머니에 가지고 있을 이유가 없었다. 그를 아는 모든 사람이 자살이라는 터무니없는 주장을 인정하지 않았다. 언젠가는 밝혀지리라는 막연한 희망 속에 벌써 14년이 흘렀다.

[오랜 세월이 흐른 후, 나는 그의 죽음에 대한 재조사를 국가권익위원회에 진정했고, 권익위는 자체 조사 후 국방부에 재조사를 권유했다. 국방부에서는 재조사 후 '초동수사가 잘못되었고, 정황상 미심쩍은 부분이 많다.'는 점을 인정하여 그가 죽은 지 36년 만인 2018년, 그의 사인은 '자살'이 아닌 '근무 중 순직'으로 변경하였고, 이에 따라 그의 유골은 경기도 용인의 가톨릭 묘지에서 서울시 동작동 현충원으로 이장하게 되었다.]

그의 죽음에 대해 원종진은 전혀 모르고 있었고, 퇴행 전에도 아무 얘기를 안 했지만 내 질문을 받은 목소리의 주인공은 답변과 함께 원한을 잊고 가해자를 용서하라는 충고를 주었다. 세상엔 우연이 없으며 모든 일에는 의미가 있다는 업(業)의 법칙과 윤회를 받아들이기에, 나는 진심으로 그 살인자 혹은 살인자들을 용서하기로 마음먹었다. 언젠가는 자신이 저지른 잘못을 깨닫고 대가를 치르리라는 사실과, 내 동생 역시 그렇게 세상을 떠난 어떤 이유가 있었으리라는 생각을 하면서 마음을 달래고 있다. 깊은 인연을 맺은 영혼들은 거듭되는 생애에서 다시 만나기에 언젠가 그를 다시 만날 것 또한 굳게 믿는다.

목소리들은 나와 원종진의 미래 관계에 대해서도 조언해주었고, 내 성격의 문제들을 이 만남을 통해 해결할 것을 충고했다. 내가 질문했던 빙의(귀신들림) 현상은 정신과 의사에게 중요한 문제이다. 가끔 심한 정신병 환자들이 점을 치러 갔다가 죽은 누구누구의 귀신이 붙었다는 말을 듣고 돌아온다. 성경에도 귀신 들린 사람들의 이야기가 나오고, 절에서는 죽은 이들에 대한 영가천도를 많이 하고 있다. 영혼이 있다면 빙의도 가능하지 않겠는가? 이 문제는 더 이상 미신이라고 몰아붙이기보다는 공개적인 연구와 조사가 있어야 한다. 빙의 현상은 악령 때문이라기보다는 자신의 집착과 강한 감정이 뭉치고 그것이 우주의 비슷한 부정적 에너지를 불러들여 일어나는 것이라는 설명은 정말 공감이 간다. 미래의 전쟁에서 우리나라는 무사하다는 얘기와, 그 이후 한국의 중요한 역할 등은 맞건 틀리건 종말론의 불안감에 싸여 혼란한 사회에 살고 있는 우리 모두에게 기분 좋은 이야기다.

여덟 번째 만남
동물의 영혼, 사랑, 정치 지도자들의 비밀, UFO, 정신병의 원인

여덟 번째 퇴행에서도 전생 기억으로는 들어가지 않았다.

김 : 보이는 것이 있습니까?

원 : …브란덴부르크라는 글씨가 보이는데…. 그건 아닌 것 같습니다….

김 : 또 뭐가 있나요?

원 : 보이는 것은 없고… '사랑하는 자여'… 라는 말이 들립니다…. '당신을 사랑합니다.'라고 말합니다…. 늘 듣던 목소리보다 더 높은 존재의 목소리입니다…. 자기 안에 우주를 품으라고 말합니다….

김 : 사랑의 뜻인가요?

원 : …사랑보다는 예언의 뜻이 느껴집니다….

김 : 제3의 방으로 들어가보십시오.

원 : …들어왔습니다. 사람들이 왔다 간 것이 느껴집니다….

김 : 오늘 볼 내용이 뭔가요?

원 : '사랑'이라는 말이 떠오릅니다….

김 : 그 방은 어떤 모습입니까?

원 : 보이기는 하지만 모두가 상징적인 것입니다…. 도서관과 같은 모습입니다…. 두터운 책들이 있지만 그것은 눈에 보이려고 있는 것이 아니고, 사람들을 어려움에서 구해내기 위해 있습니다….

김 : 사랑에 대한 가르침이 들립니까?

원 : …대답은 들리지 않습니다….

김 : 질문을 해볼까요?

원 : 네.

김 : 동물에게도 영혼이 있습니까?

원 : 동물들도 영혼이 있지만… 사람들의 것과는 차이가 납니다…. 맹목적인 작용처럼 보입니다…. 모든 사랑의 흐름을 같다고 하지만, 동물의 사랑과 사람의 사랑의 차이점은… 동물적 사랑은 하나의 경향입니다…. 날 때부터 가지고 있던 어떤 경향들은 감정의 움직임대로 가게 되고… 하느님이 원하는 사랑은 그것이 아니라, 하느님과 영과의 교감을 통한 사랑입니다…. 동물의 사랑이 좀 더 낮은 차원이라면 하느님의 사랑은 최상의 사랑입니다…. 이런 사랑을 해야 하는 이유는… 사랑이 생명의 출발이기 때문입니다. 이것은 단순히 이성 간의 교합이나 가족 간의

결합만을 의미하는 것이 아니라, 이 우주의 주된 흐름이 사랑이기 때문에 자기가 사랑하는 마음을 가지면 우주 안에 있는 순수한 에너지와 결합하게 되는 것입니다…. 사랑을 강조하는 이유는, 사랑받는 대상을 위해서 강조하는 것이 아니라, 사랑함으로 우주에 있는 에너지를 자기가 소유하고 그 영혼이 발전하기 때문입니다…. 그러나 사랑이 가지고 있는 신비 중의 하나는, 사랑을 할 때 사랑받는 사람보다는 사랑을 하는 사람이 더욱더 큰 힘을 얻게 되어 내면적인 성숙이나 개인적인 발전에 더 큰 도움이 된다는 것입니다…. 사랑은 가두는 것이 아니라 열어두는 것입니다…. 대부분의 사람들은 동물적 차원의 사랑에서 머뭅니다. 즉 타고난 경향대로의 사랑, 생존 본능에 근거한 사랑을 하게 됩니다…. 자식에 대한 사랑이나 자기를 좋아해주는 사람에 대한 사랑은 궁극적으로는 생존 본능에서 나오는 사랑입니다. 이것은 엄밀한 의미에서 보았을 때는 사랑이라고 할 수 없습니다…. 그러나 그 마음도 사랑이 가지고 있는 생명력을 일부 소유할 수는 있습니다…. 자기를 좋아해주는 사람을 좋아한다거나… 무조건 동물적으로 사랑하게 되는 것들, 감정이 앞서는 사랑은, 그 대상을 사랑함으로써 자기만족을 얻을 수 있다는 목적을 가지게 됩니다…. 많은 사람이 자기의 생존적 목적으로 사랑을 하게 되지만… 아… 너무 많은 메시지가 쏟아져 들어와, 어떻게 풀어내야 할지 모르겠습니다…. (잠시 침묵한 후) 남자가 여자를 사랑할 때, 그 사람의 영혼을 보지 못하게 되면, 자손을 번식시키고자 하는 맹목적인 의무감이 그를 충동질하게 됩니다…. 자기를 사랑해주는 사람에게서 왜 우리는 안도감을 느끼고 사랑을 느끼게 될까요? …그것은 자신의 생존이 위협받지 않는다는 동물적인 감각에 기초하기 때문입니다…. 어디까지나 사랑은 자신이 중심입니다…. 왜 부모들은 자녀가 더 잘되거나 더 성취하기를 원할까요?… 그것을 통해서 대리만족을 얻으려 하는 것입니다…. 왜 사람들은 높은 지위를 얻으려 하고, 세상에서 말하는 출세를 하려고 합니까? …그것을 얻을수록 점점 더 자신의 존재 기반이 확고해지기 때문입니다…. 그러나 이것은 우주가 가지고 있는 사랑의 본질적인 힘을 소유할 수 없습니다…. 종교에서 말하는, 예수께서 말씀하시는 사랑이라는 것은… 생존을 뛰어넘어… 자신의 생존을 뛰어넘어 모든 것을 살리는 사랑입니다…. 우리가 모든 것을 살리는 사랑을 할 때 비로소 모든 것이 완전해집니다…. 내가 사랑하는 사람만 사랑한다면… 그 사람을 위해서라면 다른 사람이 힘들거나 다칠 수도 있다는 것입니다. 왜냐하면… 자신의 생존권이 우선이기 때문에, 다른 사람의 생존권을 밟아서라도 자신이 생존해야 하기 때문입니다…. 그러나 우주의 법칙은, 다른 사람의 생명을 짓밟거나 침입하는 것을 허용하지 않습니다…. (강한 어조로) 소유함으로 얻는 것은 다분히 현상적인 것입니다…. 진리의 본질은, 자기를 내어놓음으로써 자기 안의 악한 기운들로부터 자유로워지고, 자유로워진 만큼 우주의 선한 기운을 받아들여 자신의 영혼이 더욱더 풍성해지는 것입니다…. 동물적으로 사랑하는 사람도 마찬가지입니다…. 이런 저차원적인 개념의 사랑도 안아줄 수 있고 희생할 수 있습니다…. 그러나 우주적인 관점에서의 사랑과 다른 점은 그것이 의례적이고, 찰나적이고, 자기만족적인 결과를 추구한다는 것입니다…. 우주의 원리에 부합되는 사랑은, 생명을 살리고 영원하며 갈수록 영속성이 빛을 더해간다는 것입니다…. 그러므로 우리가 딴 사람을 사랑할 때, 에로스적인 사랑이든 아가페적인 사랑이든 왜 사랑해야 되는지에 대한 이유가 명확해야 하는 것입니다…. 부부의 사랑이 에로스가 주류가 될 때는… 실상은 자기만족적인 사랑이 됩니다…. 결국은 서로에 대한 실망만 남는 것이지요…. 왜냐하면 자신의 생존 영역을 서로의 사랑을 통해서 확인받고 확인해야 하는 건데, 그렇지 못할 때는 양립할 수 없는 지경에까지 이르게 되기 때문입니다…. 그러므로 에로스로 시작한 부부 사랑은 갈등으로 서로 마주치게 되는 것이고… 그 갈등으로부터 다시 자기를 보호하기 위해서 암묵적인 휴전과 묵시적인 경계를 정하고 그 선을 침범하지 않는 것으로 서로에 대한 의무를 다했다고 생각하게 되는 것입니다…. 그러나 우주적인 관점에서 부부가 사랑을 하게 된다면 서로의 영혼의 발전을 위해서 기뻐하게 되고… 우주의 원래 흐름 가운데 자신이 머물려고 하게 됩니다…. 자기를 비우려는 마음으로 상대방의 영역을 무한히 확장시킬 수 있는 것입니다…. 상대방이 이 안에 들어와서 무한히 확장되므로, 또한 내 안에 있는 우주적 기운들을 나를 통해서 확장시키는 것입니다…. 우주적 관점에서의 부부 사랑은 끝없이 사랑의 자기지속성의 과정을 겪게 됩니다…. 그러므로 우주적 관점에서 모든 것을 이뤄내야 합니다. 그런 관점으로 부부가 서로 사랑하게 된다면… 겉치레나 위선이나 충돌을 회피하기 위한 거짓된 모습 없이도 서로 깊이 사랑할 수 있게 되고, 서로에 대한 존경심이 생깁니다…. 즉 우주의 기운이 충만해진다는 것입니다…. 자녀에 대한 사랑도 마찬가지입니다…. 자기만족적인 사랑으로 자녀를 대할 것이 아닙니다…. (잠시 침묵한 후) 새로운 메시지가 들어오는데, 마음이 조금 불안해져서 어렵습니다….

김 : 긴장을 풉니다….

원 : …부부는 진정한 사랑을 나누어야 합니다…. 상대방으로부터 받았던 여러 가지 상처들, 또는 만족하지 못한 부분들에 대해서 겉으로는 아무것도 아닌 것처럼 얘기하지만, 그 받아들여진 상처들 때문에, 그 상처로부터 자신을 보호하기 위해, 상냥한 미소 속에 차가운, 자신을 보호하려는 마음이 담기게 되고, 미소를 지으면 지을수록 상대방으로부터 멀어지는 서로의 모습이 있을 거라고 얘기하고 있습니다…. 그것을 깨뜨려야 됩니다…. 알지 못하는 가운데 그 기운들이 교감되면서 느껴지고, 차가운 기운으로도 뭉쳐진다고 합니다…. 이것은 모든 사람에게 공통된 것입니다…. 우주적 관점에서의 사랑의 원리를 생활에 적용

시키십시오…. 사람이 가지고 있는 모든 문제, 카르마라고 하는 것은 자신에게 집착하기 때문에 나오는 것입니다….

여기까지 얘기한 후 그는 잠시 쉬기를 원했다. 잠시 후 다시 계속된 이야기는 전혀 다른 종류의 메시지를 담고 있었다.

원 : …세계의 정치 지도자들은 자신들을 옭아맨 운명에 대해서 느끼고 있었다고 말합니다…. 존 F 케네디는 심령술에 대해서 관심이 많았고, 진정한 의미에서의 가톨릭 신자는 아니었다고 말하고 있습니다…. (잠시 침묵한 후) 흐루쇼프와 케네디 간의 비밀 협상이 있었습니다….

김 : 알려지지 않은 것입니까?

원 : 그렇습니다….

김 : 어떤 내용입니까?

원 : 흐루쇼프는 자기 권력 기반을 강화할 필요가 있었고, 케네디도 드러나지 않은, 미국을 움직이는 세력으로부터 압박을 받고 있었습니다…. 자신들의 발언권을 강화하기 위해 세계를 더욱더 긴장으로 몰고 가려 했던 것입니다…. 그래서 둘 사이에는 서로가 느낀 교감이 있었습니다…. 흐루쇼프가 유엔 본부에서 구두로 바닥을 친 것은 계획된 정치적 쇼였습니다….

김 : 케네디의 죽음은 어떻게 된 것입니까?

원 : …그의 죽음에는 여러 집단이 관련되어 있어 누가 범인이라고

한마디로 말하기는 어렵습니다…. 오스왈드는 억울한 희생양에 불과합니다…. 케네디의 죽음으로 너무 많은 사람이 이익을 얻었다고 생각하고 있습니다….

김 : 범인은 보수 세력인가요?

원 : 그렇습니다…. 그 사람들은 케네디가 자신들에게 한 약속을 어겼다고 생각하고 있습니다…. 간디는 자신의 죽음을 알고 있었습니다…. 누구의 손에 죽을지는 몰랐지만, 자신이 죽을 것이라는 사실은 알고 있었습니다…. 그는 구루(힌두교 성자)였습니다…. 환생한 구루라고 할 수 있습니다…. 케네디가 죽었을 때 흐루쇼프는 무척 슬퍼했다고 얘기합니다…. 흐루쇼프가 권력에서 쫓겨난 것은 하늘의 뜻이었습니다…. 만약 그가 권력에서 물러나지 않았다면 소련보다 미국이 먼저 망했을 것입니다….

김 : 전쟁을 할 수 있었단 말인가요?

원 : 아뇨…. 체제 경쟁에서 미국은 소련에 질 수밖에 없었습니다….

김 : 클린턴은 어떤 사람입니까?

원 : 그는 조작된 이미지의 총합입니다…. 그 사람 혼자서 뭔가를 할 수 있는 것이 아니라… 집단에 의해 조종되는 꼭두각시라고 할 수 있습니다…. (속삭이듯) 정말 불쌍한 사람입니다….

김 : 그런 역할을 거부했기 때문에 케네디 대통령이 죽은 것입니까?

원 : 케네디 이후의 모든 대통령은… 조심스럽게 행동했습니다…. 미국을 움직이는 사람들은 미국의 대통령이 아니라, 실제로는

그 배후에 가려진 인물들입니다…. 그것은 대통령이 바뀐다고 해결될 일이 아닙니다…. 시스템 자체의 문제입니다…. 세계에서 일어나는 많은 전쟁이 그들의 손에 의해 뒤에서 조종되고 있습니다…. '트러스트'라는 글씨가 보이고… 250이라는 숫자가 보입니다…. 그리고 뉴욕시의 모습이 보입니다…. 그냥 걸어가고 있는 사람들의 모습입니다…. 한국 대통령이 김대중 씨가 될 거라고 하지만 확신을 가질 수는 없습니다…. '다음 대통령은 김대중'이라는 글자가 보입니다…. 그러나 이것을 자신 있게 말하기가 두렵습니다…. [다음 선거에서 실제로 그가 당선되었다.]

김 : 그는 어떤 사람입니까?

원 : 교활한 사람이지만, 한 나라를 다스리기에는 부족함이 없는 사람입니다….

김 : 지금의 대통령은 어떤 사람입니까?

원 : 강력한 신념의 소유자입니다…. 그러나 겉으로 드러나는 면과 가려진 면이 다른 부분이 많습니다…. (30초 정도 침묵한 후) 더 이상 정치에 대해서는 얘기할 것이 없는 것 같습니다….

김 : 긴장을 풀고 편안히 휴식하십시오….

원 : (잠시 휴식 후) 질문하십시오.

심 : 다른 우주에도 생명체가 있고, 우리는 그곳으로도 태어날 수 있습니까?

원 : (엄숙한 어조로) 그 문제는 아직 얘기할 단계가 아닙니다….

김 : UFO는 실제로 존재합니까?

원 : 네…. 그렇지만 지금은 말할 때가 아닙니다….

김 : 만성 조현병에 걸려 온갖 치료에도 낫지 않는 환자들은 나을 방법이 있습니까?

원 : 정신적 질환을 앓고 있는 사람이 병에 걸리는 원인은 몇 가지가 있습니다…. 첫 번째는 과도한 에너지 사용으로 인해서 그 기능이 망가지는 경우가 있고, 두 번째는 악한 영들에 의해서 정신질환을 앓게 되는 경우도 있습니다…. 잘 치료되지 않는 사람들은 많은 경우 악한 영들에 의한 것이고, 그렇지 않은 사람들은 뇌 속의 시스템이 붕괴됐기 때문에 회복되기가 어려운 경우들이 있습니다…. 과도한 정신 에너지의 사용은 실제로 몸 안에 있는 신경세포들의 미세한 연결점들을 파괴시키기도 합니다…. 이것은 마치 과부하가 걸렸을 때 전선이 끊어지는 것과 같습니다…. 이 연결점들이 끊어진 사람들은 치유가 안 되지요…. 그렇지만 앞으로는 그런 것도 회복시킬 수 있는 의학이 나올 것입니다…. 정신질환자들의 여러 증상은 자신을 방어하기 위해 나타난 것들입니다…. 그들의 닫힌 마음을 열어주는 치료법이 개발된다면 그들은 나을 수 있을 것입니다…. 그전에 말씀드린 몸의 진동수 조절 같은 방법들을 나중에는 해낼 수 있을 것입니다….

김 : 강력한 악령에 의한 경우에는 방법이 없습니까?

원 : 그런 악령들을 물리칠 수 있는 방법은… 사랑밖에 없습니다….

김 : 환자 스스로 인식하는 사랑입니까?

원 : (단호하게) 그렇지 않습니다….

김 : 환자 주위에서의 사랑입니까?

원 : (강하게) 맞습니다…. 선한 기운들이 악한 기운들을 몰아낼 때 그것은 가능해집니다….

김 : 가족과 의료진의 사랑과 정성이 그 병을 낫게 할 수 있다는 말입니까?

원 : 아닙니다…. 그러한 사랑이 아니라, 우주의 진리를 포함한 사랑이 그것을 가능케 합니다….

김 : 그런 것을 줄 수 있는 사람이 있습니까?

원 : 네…. 예수가 행했던 것처럼, 그런 삶을 사는 사람들이라면 능히 할 수 있을 것입니다….

김 : 그런 사람들이 있나요?

원 : 지금은 감추어져 있지만, 드러날 것입니다….

김 : 우리에게 이렇게 많은 것을 가르쳐주는 이유가 있습니까?

원 : …사람들이 변화되기를 원하며… 다가올 때를 대비하는 목적이 있습니다….

김 : 우리가 그 목적에 부합하는 인물들입니까?

원 : 당신이 마음을 연 만큼 부합하게 될 것입니다….

김 : 심령과학은 어떤 것입니까?

원 : …심령과학을 하는 사람들 대부분은 악한 영들의 지배를 받게 됩니다…. 허상을 보게 되는 경우가 많습니다…. 여기서의 허

상이란 비실재적이란 의미에서의 허상이 아니라, 실제로는 악한 영들이라는 의미입니다…. 악령들이 다른 형태로 가장해서 나타나는 경우들이 많습니다…. (단호하게) 거기에는 진리가 없습니다…. 심령과학에서 가장 큰 맹점은 사랑이 없다는 것입니다…. 우주의 근본적인 에너지를 소유하기 위해서는 그런 고차원적인 사랑이 필요합니다…. 자비라고도 할 수 있습니다…. 그것이 없으면 영적인 현상을 다루는 그 자체가 자신을 파멸로 이끌 수 있습니다….

김 : 오히려 악령의 지배를 불러들일 수 있다는 말입니까?

원 : (강하게) 그렇습니다…. 악령도 강력한 에너지를 가질 수 있지만, 악령과 선한 것의 차이는… 영혼에 대한 궁극적인 사랑이 있는지 없는지를 살펴봐야 합니다…. 그리고 우리가 이런 혼란의 시대를 보면서 알아야 할 것은, 악령들의 세력도 사랑의 모습으로 나타날 수 있다는 것입니다…. 그것을 분별하는 방법은, 실제로 사랑하는 삶을 살아야 합니다…. 사랑하는 삶을 살지 않으면 위선된 사랑과 진실된 사랑을 구별할 수가 없습니다…. 사랑은 이론으로 하는 것이 아니고, 가르침으로 되는 것도 아니며, 삶으로만 되는 것입니다….

김 : 사랑하는 죽은 이들의 영혼을 만나는 것이 가능합니까?

원 : 시도하지 않는 것이 좋습니다.

김 : 아무 의미가 없습니까?

원 : 네…. 자신을 더 혼란에 빠뜨리게 된다고 얘기하고 있습니다….

김 : 전생퇴행요법은 어떻습니까?

원 : 대단히 미묘하다고 할 수 있습니다…. 기법 자체는 선하거나 악한 것이 없습니다…. 그것을 다루는 사람들이 어떻게 사용하느냐에 따라서 선한 것이 될 수도 있고 악한 것이 될 수도 있습니다…. 선한 의지를 가진 사람이 행하는 것은 방법도 선하게 흐르게 됩니다…. 그러나 악한 의지를 가진 사람이 하게 된다면 그 흐름도 악하게 되겠죠…. 처음의 모습은 비슷하게 보일 겁니다….

김 : 환자를 돕겠다는 순수한 사랑으로 행할 때에만 의미가 있다는 것입니까?

원 : 굳이 원한다면… 그렇게 할 수 있다는 것입니다….

김 : 다른 모든 치료의 뒤편으로 미뤄놓아야 되겠군요?

원 : …반드시 그런 것만은 아닙니다…. 자기가 부족하다는 사실을 잊지 않고 겸손한 것이 중요합니다…. 아직까지 완전하게 하는 사람은 없습니다…. 제 상태가 명쾌하지 않습니다…. 쉬어야 되겠습니다….

심 : 긴장을 풀고 깊이 휴식하십시오. 모든 영상과 정보를 지웁니다….

원 : (20초쯤 쉰 후) 눈앞에 주걱 그림이 보입니다…. 의미를 잘 모르겠습니다…. 오늘은 그만해야 될 것 같습니다….

전생 기억을 되살리지 않고 바로 아카식 레코드의 방으로 들어간 점은 지난번과 같았다. 그곳에서 듣고 볼 수 있는 이야기들은 전적으로 우리를 인도하는 존재들이 결정할 문제였다. 그러나 이들은 친절하게도 나의 질문들을 이번에도 받아주었다.

'동물에게도 영혼이 있는가?' 이 문제는 동물 애호가들만이 아니라 많은 사람이 궁금해하는 질문이다. 나 역시 사랑하는 동물과는 마음이 통한다는 사실을 체험을 통해 알고 있다. 귀가하는 주인을 너무나 반가이 맞이하는 강아지의 흥분을 보며 미소 짓지 않을 사람이 어디 있겠는가? 고대로부터 환생의 이론에는 '인간은 다음 생에서 짐승으로 태어날 수도 있다.'는 식의 가르침도 있으니 당연히 궁금할 것이다. 영혼의 진화와 깨달음을 위한 성장 과정이 윤회라는 틀과 업이라는 법칙 속에서 이루어진다면, 오랜 영혼의 진화 과정에서 우리는 한때 동물이었을 것이라고 얘기하는 사람들도 있다.

동물의 영혼도 나름대로 발전해간다는 사실은 인도의 수행자인 요가난다(Yogananda)의 경험에서 흥미롭게 읽은 적이 있다. 어느 날 요가난다의 어린 제자들이 아끼는 작은 사슴이 병에 걸려 죽게 되자 제자들은 스승에게 그 사슴이 살 수 있도록 기도해달라고 졸랐다. 어린 마음들의 간청을 못 이긴 요가난다는 간절한 마음으로 장시간 기도를 바쳤고, 얼마 후 사슴은 소생하는 듯 보였다. 그러나 기도에 지쳐 잠시 졸았을 때 꿈 속에서 그 사슴의 영혼이 그에게 '저는 이제 한 단계의 발전을 이루기 위해 가야 합니다. 제발 저를 붙잡지 말아주세요.' 하고 간곡하게 애원하였다. 가야 했지만 그의 간절한 기도에 사슴의 영혼은 떠나지 못하고 머물고 있었던 것이다. 이 사건을 통해 그는 많은 것을 깨달았다고 말한다. 모든 것에는 때가 있고 이유가 있으니, 자기 입장에서만 뭔가를 구해서는 안 된다는 것이다.

'사람은 다음 생에서 짐승으로 태어나기도 하는가?' 지혜의 목소리들은 동물의 영혼과 사람의 영혼의 차이를 이야기한다. 신과 교감하는 인간의 영혼은 아무리 수준이 낮아도 동물의 영혼보다는 수준이 높다는 것이다. 한 생애에서의 잘못으로 갑자기 짐승으로 태어날 수 있다는 가르침은 하나의 비유로 해석될 수 있다. 다음 생에서 돼지가 된다는 것은 돼지의 속성을 가진 인간이 되는 것이고, 개가 된다는 것은 개와 같은 인간이 된다는 것이다. 그런데 정말 짐승으로도 태어날 수 있을까? 윤회에 대한 많은 자료와 가르침들을 자세히 들여다본 후 나는 다음과 같은 결론에 도달했다.

'누군가 거듭되는 삶을 통해 계속 퇴보한다면, 짐승이 아니라 큰 결점과 고통을 가진 인간으로 태어나 그 업의 법칙에 따라 대가를 치르고 또 앞으로 나아간다.'

이 점에 대해 목소리들도 "인간의 영혼은 처음부터 동물의 영혼과는 다르게 창조되었다."고 얘기하고 있다. 목소리들은 이 책에 소개하지 못한 다른 가르침들 속에서 이 점을 분명하게 밝혔다. 그들은 "동물의 윤회에 대해서는 관심을 가질 필요가 없으며, 동물은 인간과 같은 카르마의 영향을 받지 않는다."고 말하고, 또 "불교에서 말하는 동물로의 환생은 상징과 비유이며 교훈적 목적을 가진다."고 설명했다. 전생 퇴행 과정에서 자신이 동물이었던 삶의 모습을 보는 경우가 있다면 그 것은 실재했던 삶이 아니라 상징으로 나타난 가공의 삶이라고도 말해

줬다. 인간으로서의 삶을 기억하는 경우는 실제로 있었던 생애이지만 상징성을 띤 가공의 생애가 아주 드물게 있을 수 있다고 말하며, 그런 경우는 실재했던 삶과의 차이점을 구별할 수 있을 것이라고 말해주었다. 동물로의 환생에 대해 언급한 힌두교의 가르침을 잠시 살펴보면, 고대의 마누법전은 '이성적 영혼이나 초동물적인 원리들은 동물의 몸 속으로는 윤회하지 않는다. 거룩한 깨달음을 갖지 못한 천한 인간은 감각적인 욕망에 빠져 자신의 의무를 소홀히 함으로써 천한 몸을 받아 태어나게 된다.'고 말하고 있다. 종교의 모든 경전은 상징과 은유로 가득 차 있다. 그러므로 경전의 해석은 문자 그대로가 아닌 상징적 의미가 더 중요할 때가 많다. 동물로의 환생 얘기도 그렇게 이해한다면, 인간은 각자의 카르마에 따라 각종 동물로 상징되는 정신적 특징이나 성격을 지닌 채 인간의 형태로 계속 윤회하게 된다는 것이다. 예를 들면 탐욕스런 성품은 돼지의 이미지로, 교활한 성품은 뱀으로 상징된다는 것이다. 외국의 많은 전생퇴행 사례 중 동물로의 환생을 보고한 사례는 없었고, 나 역시 그런 경우는 보지 못했다. 동물적 사랑과 우주적 사랑의 차이에 대한 설명은, 우리 삶 속에서의 수많은 만남과 그 만남들로부터 씨뿌려지는 기쁨과 슬픔, 증오와 절망 등에 대한 좋은 해답이다. 부모와 형제, 아내와 남편, 자식과 부모, 친구와 동료, 그리고 나의 적들… 우리가 살면서 겪는 모든 인간관계는 이 구도 속에 담겨 있다. 만남을 피하고는 살아갈 수 없는 것이 인간이기에, 나쁜 만남은 우리를 한없이 피곤하게 만들고 슬프게 하는 것이다. 자기만족을 위해서가 아닌 사랑으로 모든 사람을 사랑하라고 지혜의 목소리들은 가르친다. 사랑하는 자는 사랑받는 자보다 더 크게 성장하고 기쁨을 얻는다고….

얼마나 많은 사람이 행복에 겨운 얼굴로 신혼여행을 떠났던가? 꿈에도 그리던 행복의 순간들이 이제는 눈앞에 영원히 펼쳐진 것 같은 때가 바로 이때일 것이다. 그러나 날이 감에 따라 현실은 사정없이 두 연인을 흔들어, 그 고달픔과 피곤함 속에서 서로에게 소홀하고 냉정하게 지내다가 결국은 마음을 닫고 남이 되어버린 부부가 또 얼마나 많은가? 서로 상대에게 책임을 묻지만 그것은 답이 될 수 없다. 유별나게 잘못 만난 부부도 많다. '내 눈에 뭐가 씌어서 그런 인간과 결혼했다.' '그가 죽어야 내가 편할 것 같다.' '단지 애들 때문에 같이 살고 있다.'… 하루에도 몇 번씩 이런 얘기를 들어줘야 하는 게 정신과 의사다. 일방적으로 억울하게 부당하고 잔인한 대접을 받는 아내나 남편이 있는 것이 사실이지만, 대개는 서로가 서로를 괴롭히는 것이다. 자기 욕심을 만족시키는 데 상대방이 협조를 덜 하기 때문에 그가 섭섭하고 미워지는 것이 진짜 이유인 것이다. 순수했던 두 남녀가 왜 결혼만 하고 나면 이기적이고 탐욕스럽게 변해 재산 불리기와 출세에만 급급해지는가? 물질문명은 사람들 마음속에 물질에 대한 집착만 심어준 것이 아니라, 자기 주변의 모든 것에 집착하는 강력한 욕심을 만들어놓았다. 물질을 소유하듯 상대방의 사랑과 헌신을 소유하려 하고 지위와 특권을 소유하려 하니, 기대가 커지고 실망도 커지며 결국은 불행해지는 것이다. 결혼의 목적이 내 집 마련과 재산 불리기가 되고 남보다 잘사는 것이 된다면, 경쟁적이고 탐욕스런 부모 밑에서 자라나는 그 가정의 자녀도 당연히 그렇게 훈련될 수밖에 없다. 욕심을 버리는 일은 인간적 차원에서는 절대 불가능하다. 왜 욕심이 덧없는 것인가 하는 문제에 대한 납득할 만한 해답이 없는데 누가 욕심을 버리고 상대를 사랑하겠는가? 욕심과 집착이 뜬구름과 같다는 것을 가르치기 위해 피할 수 없는 불행과 상실, 슬픔이 기다리고 있다. 진정 위대한 스승인 이들은 한때 내 것처럼 보였던 모든 것을 내 품안에서 순식간에 빼앗아가고 만다. 뭔가를 가졌다는 것이 별것 아니라고 깨달으면 욕심은 자연히 설 땅을 잃는다. 더 많이 주어지면 즐겁기는 하겠지만, 그 자체가 인생의 목적이 될 만큼의 매력은 없어지는 것이다. 마음을 비운 우주적 사랑이 가능해지는 것은, 현실에 대한 실망과 그 실망의 극복이 제대로 이루어진 다음이다. 실망을 극복하고 다시는 잃어버리지 않을 것들을 찾아 나섬으로써 진리와 사랑을 만날 수 있는 것이다. 우주적인 사랑은 예수가 강조한 이웃 사랑, 부처의 자비심과 같다. 그들의 가르침은 종교라는 그릇 속에서 잘못 해석되거나 독선적으로 받아들여지기도 하지만, 그것은 그들의 잘못이 아니다. 사람들이 만든 종교라는 시스템이 불완전해서다. 종교는 기본적으로 깨달음과 선행을 가르치지만, 사람들의 창조물이기 때문에 불완전하고 한계가 있을 수밖에 없다. 그러나 많은 사람을 모아 동시에 가르침을 전하고 서로에게 의지하려면 종교와 같은 인간적 조직이 어쩔 수 없이 필요해진다. 조직의 가장 큰 약점은, 본래 목적보다 조직의 유지를 위해 더 신경을 써야 한다는 점이다. 그러다 보면 조직의 본래 목적은 뒷전으로 밀리고 조직의 유지 자체가 목적이 되기 쉽다. 수많은 현대인이 종교의 훌륭한 가르침들은 인정하면서도 종교인이 되기를 주저하는 이유는, 오랜 세월 이어 온 종교의 독선적 태도와, 진리를 독점한 듯한 교만에 대한 거부감 때문이다. 거기에 덧붙여, 입으로는 온갖 아름다운 언사를 늘어놓으면서도 실상 자신의 삶은 그와 정반대인 사이비 신자들이 많기 때문이다. 사업상 발을 넓히기 위해 종교 모임에 나가고 정치적 지지자들을 찾아 종교를 가지는 사람들이 많아진다면, 교회나 사찰은 영혼의 성장을 통해 진정한 자유를 얻으려는 본래 목적과는 아무 관계없는 집단 사교장에 불과해진다. 이런 모습들을 주변에서 자주 봐 온 현대인들이 어떻게 순수하게 종교에 대한 신뢰를 가질 수 있단 말인가? 종교에서조차 사랑과 평화를 얻지 못한다면 이들은 어디로 가는가? 그에 대한 대답은 우리 사회의 모습 안에 모두 담겨 있다. 돈 때문에 사람을 죽이고, 삶의 죄절감을 극복하지 못해 남을 괴롭히는 무책임한 사람들이 많아지는 것이다. 사회 속의 모든 병리적 현상의 원인은 결국 '불행하고 무지한 사람들'이다. 진정으로 사랑을 주고받는 사람들은 불행할 수 없으니, 우주적 사랑이 모든 문제를 해결할 힘이 있고 모든 것을 살릴 수 있다는 가르침은 백번 맞는 말이다.

  성지 지도자들의 숨은 얘기와 미래의 예언들에 대해, 나는 그 진위를 논할 생각이 없다. 현재로서는 확인할 길도 없고, 미래가 전개되는 과정에서 뜻하지 않은 변수로 모든 것이 바뀔 수도 있기 때문이다. 그러나 상식적인 추론과 상황 분석을 해보면 사실일 가능성이 높은 이야기들이다. 최면 상태에서의 예언으로 유명했던 에드거 케이시(Edgar Cayce)나 폴 솔로몬(Paul Solomon)의 능력과 유사한 것을 이 청년이 가지지 못할 이유도 없기 때문에, 그리고 예언을 제외한 다른 문제들에 대한 목소리들의 가르침과 통찰이 너무 정확하기 때문에 이들이 주는 정보는 사실일 것으로 나는 믿는다. 다만 미래라는 것은 확정된 것이 아니라는 사실은 어느 예언자나 인정하고 있으니, 예언 부분은 귀담아 들어두되 큰 의미를 부여하거나 집착하지 않는 것이 좋을 듯하다.

케네디의 죽음은 지금도 많은 부분이 가려져 있다. 조사와 보고 자체가 비밀로 분류되었고, 오스왈드가 범인이 아니라는 증거와 증인들의 진술 모두 성급하게 묵살되었다. 단순한 살인 사건도 답답할 정도로 철저히 조사하고 결과를 공개하는 미국 사법제도의 관행과도 맞지 않는 일이다. 간디는 보통 정치 지도자들과는 차원이 다른 인물이었다. 성자와 같은 그의 인품에 전 세계가 감동했고, 아인슈타인은 그가 죽었을 때 "이처럼 위대한 인간이 존재했었다는 사실을 후세 사람들은 믿지 않을 것"이라고 말했다. 그가 정말 환생한 구루였다면 그의 정신적인 큰 힘도 더 잘 이해될 수 있다. 죽음을 맞이하던 날 아침, 그는 손녀에게 중요한 서류를 모두 가져오라고 시키며 "오늘 다 서명해야 한다. 내일은 없으므로…."라고 말했다고 한다.

이 외에도 여기에 밝히지는 않았지만 모택동의 사망을 둘러싼 비밀, 마릴린 먼로의 죽음과 그 배후, 김일성과 우리나라의 대표적 정치인들에 대한 얘기들이 이어졌다.

심령과학에 많은 관심이 쏠리고 영매나 무당들의 한마디가 화제가 되는 세상이다. 이들의 능력은 어디에서 오는 것일까? 이 질문에 대한 목소리들의 대답은 평소의 내 생각과 같은 것이었다.

여러 해 전 나는 심령과학에 관해 수많은 저서를 발표한 한 유명 인사를 만났다. 그는 책에서 주장하기를, 대부분의 질병이 악령에 의한 것이며 자신의 방법을 쓰면 질병이 나을 수 있다고 주장했다. 믿기지는 않지만 나는 그가 하는 주장의 근거를 확인하고 싶어졌다. 만약 그의 방법이 단 한 명의 환자에게라도 실제로 도움이 된다면 그의 주장을 확인하지 않고 무시하는 것은 비과학적 태도라고 생각했기 때문이다. 그를 만났을 때 받은 최초의 인상은 '머리가 좋겠다.'였다. 그는 자기가 정립한 많은 이론과 업적을 늘어놓았다. 그럴듯한 이론과 주장들이 꽤 있었지만 나는 실망했다. 너무나 잘난 체를 했고, 자기 이론에 빠져 있는 모습을 보았기 때문이다. 그는 영계의 최고신이 자기의 부탁은 다 들어준다며 마치 절친한 친구를 자랑하듯 말을 늘어놓았고, 그 최고신이 깨닫지 못한 것을 자기가 가르쳐주었더니 무척 고마워하더라는 황당무계한 이야기들을 했다. 결국 나는 '이 사람은 진실이 없거나 정신이 나갔다.'고 판단하고 돌아온 경험이 있다. 사람의 힘으로 해결이 안 될 듯한 어려운 문제에 맞닥뜨렸을 때 많은 사람이 점을 치거나 신통하다는 사람을 찾아간다. 내 환자들 중에도 그런 경험을 얘기하는 사람이 많다. 그러나 그런 방법으로 문제를 해결했노라 말하는 사람은 보지 못했다. 단순한 불안 증세를 귀신의 장난으로 믿고 굿을 해야 한다며 큰돈을 쓰는 경우도 보았지만, 그들은 어김없이 내게 돌아와 약물치료와 정신치료를 제대로 받고서야 호전되었다. 설사 누군가가 신통력이 있다 해도 그걸 확인할 방법은 없으니, 함부로 그런 사람들에게 자신의 문제 해결을 맡기는 것은 큰 위험과 손실이 따른다는 점을 알아야 한다. 선한 의지와 진정한 사랑이 없으면서 영혼의 세계를 탐구하는 것은 정말 위험한 일이라고 목소리들은 이야기한다. 관심과 호기심을 따라 잡다한 귀신들이 모여들게 되고, 심한 경우에는 그런 악령들의 지배를 받거나 질병에 걸릴 수도 있는 것이다.

왠지는 모르지만 내면 의식이 열린 최면 상태에서 사람들은 영혼의 세계 혹은 초월적 세계와 연결이 잘되는 듯하다. 고급 영들의 목소리를 듣고, 예언과 투시 능력이 나타나기도 한다. 일상적 의식 상태에서는 불가능했던 일들을 해내는 것이다. 특히 전생퇴행은 하나의 최면 기술에 불과한데, 이런 현상이 더 자주 나타나는 듯하다. 전생퇴행의 치료 효과는 실로 대단한 것이고, 여러 환자들을 통해 그것이 확인되고 있으니 정신과 의사들은 이 현상을 연구해야 할 의무가 있다. 정신의학이야말로 영혼과 육체를 다 같이 다루는 학문이 되어야 하기 때문이다. 정신의학은 생명을 화학작용으로만 인식하려는 유물론에 기초한 다른 의학 분야와는 달라야 한다. 단순한 연령퇴행을 할 때보다 전생퇴행을 할 때 초자연적인 경험을 더 자주 하는 것을 보면, 전생의 기억을 되살리는 것은 우리 영혼 자체인지도 모른다. 그렇다면 악한 의도를 지닌 최면 시술자가 환자를 전생으로 퇴행시켰을 때 악한 영이 환자에게 나쁜 영향을 줄 수도 있지 않을까? 나는 이 점이 궁금해 질문을 했고, 대단히 중요한 대답을 들었다. 무엇보다 치료자의 선한 의지와 자각이 있어야 하며, 행하기는 하되 신중하게 판단해서 꼭 필요하면 하라는 것이었다.

목소리들은 우주의 다른 생명들에 대해서는 답변을 거부했고, UFO

의 존재는 시인했지만 말할 때가 아니라고 했다. 이때 받은 인상은 '때가 되면 얘기해줄 것'이란 느낌이었다.

다음 질문은 정신과 의사들이 가장 좌절을 느끼는 병인 만성 조현병에 대한 것이었다. 조현병은 정신질환 중에서 불치병으로 볼 수 있다. 여기에 대해 목소리들은 '파괴된 신경과 악령의 작용이 원인이고, 미래에는 극복될 것'이라는 희망도 주었지만 현재로서는 별 방법이 없다는 사실을 확인한 셈이다. 고질적 정신병의 원인 중 악령도 있다는 사실은 에드거 케이시도 수차 말한 바 있다. 반복되는 악령의 언급에 거부감을 느끼는 사람들이 많을 것이다. 나 역시 그 말은 유쾌하지 않다. 그러나 내 마음에 들지 않는다고 해서 그것의 존재를 부정하는 것이 옳은 일일까? 나는 그런 것들이 원인이 아니기를 바라고 질문했지만 주어진 대답을 무시할 수는 없다. 이 주제에 대해 진지한 과학적 연구가 반드시 필요하다고 생각한다.

아홉 번째 만남
이집트에서의 삶과 지옥, 사랑과 겸손, 자기만족, 인구 증가와 심판에 대한 가르침

아홉 번째 전생퇴행에서 그는 오랜만에 또 하나의 전생 기억 속으로 들어갔다.

김 : 어디에 있습니까?

원 : 이집트입니다….

김 : 주위에 누가 있습니까?

원 : …잘 모르겠습니다….

김 : 무얼 하고 있나요?

원 : …현장을 감독하고 있습니다…. 피라미드를 건축하는 건지… 뚜렷하지 않습니다.

김 : 편한 마음으로 긴장을 풉니다…. 좀 더 뚜렷하게 알 수 있습니다….

원 : …저는 부역자들을 부리는 감독관입니다….

김 : 자신의 모습을 그려보세요.

원 : …키는 180에서 190센티미터 정도고… 나이는 마흔 정도…. 제가 채찍질해서 때린 사람이 있는데… 그 사람은 최근에 저를 무척 괴롭게 했던 직장 상사입니다….

김 : 현재 직장 상사란 말인가요?

원 : 네…. 저는 그에게 갚아야 할 빚이 있습니다….

김 : 당신 이름은 뭡니까?

원 : …오라켄테…까지는 생각이 납니다.

김 : 오라켄테?

원 : 네…. 에티오피아에서 온 것 같습니다….

김 : 피부가 검은가요?

원 : 그렇습니다….

김 : 그때는 언제입니까?

원 : 기원전 4세기 무렵입니다….

김 : 당시의 파라오는 누굽니까?

원 : 그때는 파라오가 아니고… 귀족인 것 같습니다….

심 : 귀족이 지배했습니까?

원 : …지금 제 기억 속에는… 어떤 피라미드를 짓는 것이 아니라… 귀족의 개인적인 건축물을 짓는 것입니다….

김 : 어떤 건축물인가요?

원 : 성을 쌓는 것 같기도 하고… 집을 짓는 것 같기도 합니다….

김 : 당신은 무슨 기술을 가지고 있었나요?

원 : 그렇지 않습니다…. 저는 권모술수에 능한 사람이지만 그렇게 높은 지위에는 올라가지 못하고, 아랫사람들을 괴롭히고 윗사람들한테만 잘 보이는 사람입니다.

김 : 가족에 대해 얘기해보세요….

원 : 아내가 있고… 아내는 상당히 수동적인 사람입니다…. 아내 외에도 애인이 있는데… 두 사람 모두 놓치기 싫어하고 있습니다…. 저는 가정적이지도 않고, 애인을 깊이 사랑하지도 않습니다…. 저는 난폭한 성격입니다….

김 : 현장을 감독할 때 당신은 어떤가요?

원 : 사람들을 심하게 부려서 건물을 빨리 짓고 싶어 합니다….

김 : 어떻게 생긴 건물인가요?

원 : …파르테논 신전과 비슷한 기둥들이 보입니다…. 도서관인 것 같기도 하구요…. 도시는 알렉산드리아입니다…. 지금의 지배자들은 본토인들이 아니구요….

김 : 어디서 온 사람들입니까?

원 : …그리스 쪽입니다….

김 : 그리스인들이 지배합니까?

원 : …기득권은 그 사람들이 잡았지만, 그들도 이 지역에 많이 동화된 사람들입니다…. 조상은 그리스인이지만 실제로는 이 지역 사람이나 다름이 없습니다….

김 : 그 생애의 다른 중요한 사건으로 가봅시다….

원 : …저는 윗사람들의 눈을 속여서 돈을 모았고, 물질적으로는 그

렇게 쪼들리지 않았습니다…. 다만 신분에서 오는 불만이 있었던 것 같습니다…. 그렇게 살면 안 된다고 한 사람이 충고했었지만 나는 그 말을 무시했습니다…. 제 마음 가운데에는 좀 더 고귀한 신분으로 살고자 하는 욕망이 있었던 것 같습니다…. 아주 공격적인 사람이었습니다…. 다른 곳에서 '죽기를 두려워 말라.'는 말이 들려오고 있습니다….

김 : 목소리들입니까?

원 : …그렇습니다….

김 : 그 삶의 죽음의 순간으로 가봅시다….

원 : 네…. 칼에 찔려 죽었군요….

김 : 몇 살 때입니까?

원 : 마흔한 살… 혹은 마흔두 살인 것 같습니다….

김 : 누가 칼로 찔렀나요?

원 : 제가 굉장히 괴롭힌 사람이 있는데… 그 사람이 원한을 가졌습니다…. 지금 저를 아주 어렵게 했던 그 직장 상사의 모습이 떠오릅니다….

김 : 그 사람과의 관계는 계속 좋지 않습니까?

원 : 네…. 그렇지만… 그렇게 미워하지 않으려고 애쓰고 있습니다….

김 : 그가 칼을 가지고 덤벼들었나요?

원 : 덤빈 것이 아니고 뒤에서 기습을 했습니다….

김 : 죽음의 순간을 넘어가보세요….

원 : 지금은 담담하게 그 장면을 바라보고 있습니다…. 오른쪽 허파를 찔려서 숨쉬기가 어렵습니다…. 등도 여러 번 찔렸습니다….

김 : 그 사람을 어떻게 괴롭혔나요?

원 : 채찍으로 때렸을 뿐만 아니라 재산을 가로채고 딸도 빼앗아갔습니다…. 그 당시에는 그것이 너무나 당연했기 때문에 죄의식을 가질 필요도 없었습니다….

김 : 그 사람은 그 일로 마음의 상처를 많이 입었겠군요?

원 : 네…. 그래서 나를 죽일 기회를 엿본 것입니다…. '네가 죽을 때'라는 음성이 들립니다…. 어떤 메시지를 전하려는 것 같은데 어떤 의미인지 모르겠습니다….

김 : 그 생애의 죽음 뒤에는 어떤 일들이 있었습니까?

원 : 무척 고통스러웠던 것 같습니다… 죽음 이후가요….

김 : 죽은 뒤에 어디로 갔습니까?

원 : …제가 채찍을 맞았습니다….

김 : 지옥인가요?

원 : 그렇다고 할 수 있습니다….

김 : 그곳에서 채찍을 맞았나요?

원 : 네…. 제가 괴롭힌 것보다 훨씬 더 괴로움을 당했습니다….

김 : 그러면서 깨달은 게 있나요?

원 : …그때는 일단 너무 괴롭다는 생각뿐이었는데… 뚜렷하게는 모르겠습니다….

김 : 그 삶에서 배운 것은 뭡니까?

원 : '너무 많은 것을 가지지 말 것'입니다…. 부족한 것에 대해서 만족할 수 있어야 한다는 것…. 다른 말들도 들리는데, 잘 모르겠습니다….

김 : 그 생애의 기억을 지우고 그대로 휴식하십시오….

쉬는 동안 여러 가지 영상들이 스치고 지나갔지만 뚜렷한 정보와 목소리들은 없다고 했다. 웬일인지 긴장이 풀리지 않는다는 그의 말에 따라, 최면 상태에서 깨운 다음 다시 유도했다.

원 : (깊고 엄숙한 목소리로) 역사상 모든 사회 변화의 원인은… 자기 존재의 확인과, 보장받기를 원하는 마음과, 보호받기를 원하는 본능 사이에서 시작됩니다…. 혁명이나 제도 개선 등 모든 것은 자기 환경을 보호받고 자기의 생존 영역을 확장시키려는 마음에서 출발합니다…. 그러나 사람들이 한 번도 혁명에 성공하지 못한 이유는 그러한 출발이, 첫째는 이기적인 관점에서 시작되었기 때문이고, 둘째는 진정한 변화의 참뜻에 대해서 거의 알지 못했기 때문입니다…. 비록 자유민주주의와 북구 여러 나라의 사회민주주의가 많은 사람에게 물질적 혜택을 주었다고는 하지만, 그것은 기득권으로서의 자기 위치를 보장받기 위해서 위선적으로 내놓은 기만술책에 불과합니다…. 이런 사람들의 개혁 정책이나 이념들은 결국 다시금 더한 타락에 빠지게 되고, 다른

쪽의 사람들을 더 어렵게 합니다…. 이때까지의 개선 사항이라는 것은 사회제도나 사회보장 면에서 하나의 제로섬게임(Zero-sum game. 득실의 합계가 항상 0이 되는 게임으로, 얻은 게 없다는 뜻)과 같습니다. 한쪽의 희생을 바탕으로 서 있는 사회보장이 된 것입니다. 그러나 물질적인 사회보장마저도 사람들에게 큰 만족을 주지 못하는 이유는, 바로 사람은 영적인 존재이며 그런 영적인 부분들이 채워지지 못하기 때문입니다…. 진정한 개혁이란, 진정한 삶이란, 내가 잘되려 하는 개개인이 모이는 것이 아니라… 희생하려 하는 각자가 자기가 보호받는 영역을 버리고 자기가 누릴 수 있는 영역을 떨쳐버리고도 자신을 보호해줄 수 있는 존재에 대한 확신이 있을 때… 그러한 마음들이 확산될 때 비로소 이루어집니다…. 우리가 제도를 만드는 것이 중요한 게 아니라 그러한 마음을 공유하는 것이 중요합니다…. 그러므로 진정한 사회 변화는 사회제도나 모습에 집착할 것이 아니라 우리가 가지고 있는 이타적인 마음들, 또 신(神)이 가지고 있는 그런 마음들을 서로 나눠 가지는 데 주력해야 할 것입니다…. 보십시오. 역사적으로 사람들은 편안한 삶을 누리지 못했습니다. 누구나 보호받기를 원하고 많은 법과 제도와 조직이 바뀌었지만, 근본적으로 바뀐 것은 없고 그 형식과 소유의 형태만 바뀌었을 뿐입니다…. 그러나 그 소유마저도 모두 다 허상이었기 때문에, 그것을 한번 누려본 사람들은 더 깊은 심연의 고통을 맛보게 되는 것입니다…. 그러므로 이때까지 모든 사회가 누려왔던 부(富)나 지식이나 제도들, 관계들은 한계성을 가질 수밖에 없었던 것입니다…. 인간에게 궁극적인 해답이 되지 못했다는 것이지요…. 이제는 관점을 돌려야 할 때입니다…. 큰 것을 바라볼 것이 아니라 작은 것부터 나누는 훈련이 있어야 합니다. 영혼을 바라보는 사람들, 하늘을 바라보는 사람들에게는 필요한 만큼의 것들이 내려지게 됩니다…. 나의 영역에 집착할 것이 아니라, 내 영역을 나누고 내 영역 안에 많은 사람을 품을 때, 그런 움직임들이 확산될 때 진정한 사회 변화는 이루어집니다…. 여기까지입니다….

김 : 그 목소리들인가요?

원 : 네…. 다시 남자와 여자의 차이에 대해 말하고 있습니다…. '남자는 소유하면서 기쁨을 누린다.'고 하고, '여자들은 확인하면서 기쁨을 느낀다.'고 합니다. 여기서 기쁨은 만족이라는 의미입니다. 그래서 남자들은 끝없이 소유하려 하고, 여자는 끝없이 확인하려 하기 때문에 계속해서 만족을 느끼지 못하게 된다고 합니다…. 또 다른 메시지가 있는데… 이 문제에 대한 해결책입니다…. 실타래가 엉키듯이 정확하게 풀리지가 않습니다….

나는, 잠시 긴장을 풀고 모든 영상을 지우도록 지시했고, 최면을 조금 더 깊게 한 후 계속 진행했다.

원 : '사람의 마음을 담아줄 수 있는 그릇들을 키우라.'는 말이 들립

니다…. 그것을 당부하고 있습니다. '서로의 입장을 이해하는 것으로 그치는 것이 아니라, 상대방이 느끼는 기쁨이나 슬픔이 정말 내 기쁨이고 내 슬픔이 되어야 한다.'고 말하고 있습니다…. 감정의 공명은 영혼의 공명을 일으킵니다…. 영혼의 공명이 일어날 때 감정의 공명도 일어납니다…. 그러므로 많은 사람, 어떤 유형의 사람도, 그 사람이 가지고 있는 것과 상관없이 영혼의 공명을 함께 이룰 수 있는 사람을 찾는 것입니다…. 사람들을 위로해주고 참사랑을 주는 것은 공감으로만 되는 것이 아니고, 그 공감에 영혼의 공명을 이루는 작업을 같이 해나가야 합니다…. 앞으로의 지도자들은 감정의 떨림에 영혼의 공명을 맞춰나갈 뿐 아니라 이것을 여러 다양한 사람들과 함께 이뤄나가고 그 떨림을 조절할 수 있는 사람이어야 될 것입니다…. 지금의 모습과는 다르게 될 것입니다…. 실력이나 능력이나 다른 재능들이 지배하던 사회에서, 영혼의 공명을 함께 이루는 자들이 다스리는 세상이 올 것입니다…. 그런 것들을 일으킬 수 있는 능력을 가진 사람들이 전보다 많아졌습니다…. 앞으로는 점점 물질적으로 더 타락하는 사람들과 정신적인 성숙, 영혼의 맑음을 소유한 사람들이 큰 세력권으로 나뉘게 됩니다….

김 : 양극단이 형성됩니까?

원 : 네…. 그래서 맑은 사람은 더욱더 맑아지고… 타락한 사람은 더 타락하게 될 것입니다…. 그러나 사람들은 그 타락의 모습을 타락이라고 하지 않고… 일반적인 성향이라고 말하게 될 것

입니다…. 그러나 전에도 얘기한 것처럼, 우주의 흐름의 방향과 공명하지 못하면 바스러지게 됩니다…. 사람의 능력은 재능에서 나오는 것이 아니라… 우주의 공명인 신(神)의 목소리를 담아낼 수 있는 영혼의 크기에서 나옵니다…. 자기의 그릇을 닦는 데 주력하십시오…. 혹 우리가 다른 사람의 영혼과 공명하지 못하고 있는 부분이 있나를 살펴보시고 공명하도록 노력하십시오…. 노력하다 안 되면 구하십시오…. 예수가 '아이들과 같이 되지 않고는 천국에 가지 못한다.'고 말한 것은 아이들의 영혼이 쉽게 공명을 일으키기 때문입니다…. 눈물을 많이 흘리시고, 자신의 체면을 돌아보지 마십시오…. 영혼의 공명 현상은 인간적으로 볼 때에는 열등한 모습이 됩니다…. 그러나 그러한 모습이 결국에는 다른 강한 것들을 이기게 됩니다…. 약한 것이 강한 것을 이기게 됩니다…. (느리고 강한 어조로) 진정으로 강한 것은 가장 약한 모습으로 나타나게 됩니다…. (길게 침묵함.)

김 : 다른 메시지는 없습니까?

원 : 제 마음 가운데 긴장과 두근거림이 있습니다…. 아까 전화벨이 울릴 때 안정이 깨졌는데… 계속 심장이 두근거립니다….

나는 다시 한번 긴장을 풀도록 유도하고 잠시 휴식한 후 진행하려 했다. 하지만 그는 "두려움과 긴장, 강한 의무감으로 진행하기가 두렵다."고 대답했다. 주어지는 정보의 덩어리들이 너무 많아, 이것을 정확히 풀어야 한다는 강한 의무감 때문에 평정이 자꾸 깨진다고 했다. 나는 그의 긴장을 풀어주기 위해 다음과 같이 말하고 퇴행을 유도했다.

김 : 우리에게는 시간이 많습니다…. 많은 미래가 있습니다…. 우리가 알아야 할 것들은 결국 알게 될 것입니다…. 한꺼번에 욕심을 부리지 마십시오…. 욕심을 부릴 때 집착하게 되고, 집착이 안정을 깨뜨리게 됩니다…. 마음이 거울과 같이 가라앉아야 제대로 수신할 수 있습니다…. 주어지는 정보와 가르침들을 모두 풀어헤치는 것은 집착과 노력으로 되는 것이 아닙니다…. 긴장을 풀고 편안한 마음으로, 주어지는 대로 무심히 바라보십시오…. 긴장을 충분히 풀 수 있겠습니까?

원 : 네…. '더 깊이'라고 말씀해주십시오….

이 말에 따라 나는 그를 더 깊이 유도했고, 잠시 후 우리는 다시 목소리들을 만났다.

원 : …'이카루스'에 대해 아십니까? 글자로는 '이카루스'라고 나오고 그리스 신화에서 새의 깃을 달고 하늘을 날려 했던 그 사람이 보입니다…. 많은 사람이 영적인 영역에서 이카루스가 되어가고 있다고 합니다….

김 : 인위적으로 영을 이해한다는 자만에 빠진다는 얘기입니까?

원 : …깃털을 다듬고 붙이는 것은 자유지만, 그것을 가지고 날려고

시도할 때는 떨어지게 됩니다…. 어디서부터 우리 행위가 중지되어야 할까요? 깃털을 모으는 것부터 중지되어야 됩니다…. 많은 사람이 이것을 몰랐기 때문에 궁극적으로 실패하게 되는 것입니다…. 그러므로 사람은 자기 존재의 근거를 명확히 인식할 때에만 진리를 소유하고 우주의 비밀로 나아갈 수 있습니다…. 많은 사람이 실패하는 데에는 두세 부류가 있습니다…. 한 가지는 자기가 신인 양 착각하므로 태양 곁에서 자기 몸을 녹여버리는 자가 됩니다…. 또 한 부류는, 원래의 신과는 전혀 다른 이미지의 신을 좇아가다가, 진리를 발견하지 못하고 자기만족적인 믿음을 소유하게 됩니다…. 그럴듯한 도덕률로 가장하고, 인간의 능력에 대해서 너무나 과신하는 부류입니다…. (엄숙하고 강한 어조로) 이들은 모두 실패하게 됩니다…. 모든 영혼은 창조되었고, 하느님으로부터 생명을 나눔받은 것이라는 사실을 자각해야 합니다…. 모든 생명은 신의 부분이 될 수 있습니다…. 그렇기 때문에 신과 유사한 능력과 모습으로 나타날 수 있습니다…. 그러나 그 신을 명확히 이해해야 합니다…. 자기가 신이라고 생각한다면 우주로부터 오는 흐름들을 막게 됩니다…. 원래의 진리, 원래의 신을 왜곡된 모습으로 바라보는 것도 진정한 교류를 사라지게 합니다…. 그러므로 자기를 과신하는 것과… 메시지들이 흐려집니다. 너무 얕은 상태인 것 같습니다…. 지금 머리는 맑은데, 몸과 의식이 분리되지 않고 있습니다….

나는 다시 한번 깊은 상태로 유도한 후 계속하려 했지만 그는 앞의 얘기를 끝맺지 못하고 다음 주제로 넘어갔다.

원 : …코끼리의 배설물을 보면 코끼리의 흔적을 알 수 있다고 합니다…. 큰 사람은 큰 흔적을 남기고 작은 사람은 작은 흔적을 남깁니다…. 누구를 평가할 때는 그 흔적을 보아야 합니다…. 그러나 성급하게 보려고 하지 말고, 인내를 가지고 그 사람의 영혼에서 그 흔적을 보아야 합니다…. 세상의 많은 것이 흐려지고 있습니다…. 사람들은 거짓된 이미지와 정보를 통해서 자신의 흔적을 커다랗게 남기려고 하지만, 세월의 흐름에 따라서 그것들은 마치 배설물이 썩을 때처럼 썩고 마르고 위축되어 흔적도 남지 않게 됩니다…. 코끼리에서 나온 배설물만이 정녕 코끼리의 것이요, 그것이 태양에 녹아서 없어진다 해도 코끼리의 존재가 사라지지 않는 것처럼…. 이 메시지의 의미를 목소리들이 제게 가르쳐주고 있습니다…. 그 의미는 다음과 같은 것입니다…. 코끼리가 배설물을 싸놓으면 그것은 사람에게 코끼리가 지나간 흔적임을 보이게 됩니다…. 그것이 태양에 의해 마르고 부서지고 흔적조차 사라지더라도 코끼리가 존재한다는 사실 자체가 중요한 것입니다…. 코끼리가 아닌 것이 자기 허세를 위해 그런 덩어리들을 커다랗게 뭉쳐만 놓는다고 해서 자기가 정말 코끼리가 될까요? 원래 자기 것이 아닌 허상들을 커다랗게 내놓고 자기의 생산능력이 아닌 것들을 거짓으로 내놓는다면 시

간이 흘러서 그것이 사라질 때 결국 아무 의미가 없어지는 것입니다…. 즉 코끼리가 실제로 존재하는 것이 중요하다는 것입니다…. 이것은 정보 덩어리로 나오기 때문에 말을 더 잘 전달해야 할 것 같습니다…. 어떤 사람을 평가할 때 우리는 그 사람의 행위를 보고서 그 사람을 알 수가 있지만, 그의 흔적들은 시간이 가면서 기억 속에서 사라져갑니다…. 그러나 그 사람이 존재한다면 그 흔적들은 계속해서 생기게 됩니다…. 그것이 잊혀지더라도 다시 생산되고, 계속 생산됩니다…. 즉 그 사람은 행위의 결과가 아니라, 그 사람 자체라는 것입니다…. 그 사람이 그런 것을 만들어낼 수 있는 영혼을 소유한 사람일 때에는, 그것이 아무리 많이 생겨나고 또 잊혀진다 할지라도 그 사람이 존재한다는 것만으로도 충분하다는 것입니다…. 어떤 사람들은 자기 자신을 보호하고 숨기고 부끄러운 것을 감추기 위해서, 마치 자기가 그러한 영혼을 소유한 것인 양 이미지들을 만들어냅니다…. 그러나 이것이 사라지고 때가 지나서 기억에서 지워질 때는 그 흔적조차 남지 않게 된다는 것입니다…. 그러므로 우리는 우리의 왜곡된 이미지를 많이 만들어서 허탈한 결과를 만들기보다는, 우리의 영혼들을 그런 수준으로 이끌어올리는 것이 중요합니다…. 칭찬, 명예, 선한 것들… 그런 것들을 즐길 수 있다는 것만으로도 사람들은 높이 평가하겠지만, 정녕 내 안에 그런 영혼이 없을 때는 오히려 그것이 더 허탈하게 된다는 것입니다…. 그러므로 자기를 속일 것이 아니라, 내 영혼에서 내놓는 진실된 열매들을 녹여낼 수 있는 영혼의 그릇이 중요합니다…. 그것에 집중하십시오…. 결과물을 내놓는 것을 기억하지 마십시오…. 코끼리는 자기가 배설물을 내어놓고도 그것을 기억하지 않고 나아갑니다…. 그것을 보고 사람들은 코끼리의 흔적을 발견하고 두려워하는 것입니다…. 마찬가지입니다…. 우리는 우리의 선한 면들이나 선한 행위의 결과에 집중해서는 안 됩니다…. 그것에 집중하게 될 때 우리는 허상을 만들어내게 됩니다…. 사람들은 내가 그만한 그릇을 가지고 있을 때 나의 흔적을 보면서 나를 보게 될 것입니다…. 그러나 내가 만약 그런 것이 되지 않고 그런 허상들을 만들어내게 된다면… 사람들이 처음에는 따라오겠지요…. 그러나 나중에는 그 근원을 찾지 못하게 됩니다…. 왜냐하면 그곳에는 코끼리가 아니라 쇠똥구리만 존재하기 때문입니다…. 많은 사람이 코끼리를 찾으려 하겠지만, 코끼리는 없습니다…. 대신 그것을 만들어냈던 쇠똥구리가 있습니다…. 사람들은 코끼리의 배설물을 보고 코끼리를 찾다가 쇠똥구리를 밟을 것입니다…. 많은 인생에 있어서, 사람들은 헛된 것을 좇아가고 자기 그릇에 맞지 않는 생산을 내려고 하고 자기를 위장하려고 하다가 그만 발에 밟히는 것입니다…. 그렇습니다…. 우리는 우리 가운데서 그런 그릇을 만들어야 합니다…. 진정한 코끼리가 되어야 합니다…. 과연 당신은 코끼리입니까, 쇠똥구리입니까? 쇠똥구리는 덩어리를 작게 만들어 오히려 자기 생명을 유지할 수 있습니다…. 큰 덩어리를 만들었을 때, 사람들은 코끼리를 찾아가려다가 그를 밟게 되는 것입니다…. 개구리 그림이 보입니다…. 개구리가 목젖을 힘껏 부풀려서 끄르륵끄르륵 울 때 그 소리는 산을 진동시키지만, 개구리를 아는 사람들은 아무도 두려워하지 않고 아무도 그 소리에 신경을 쓰지 않습니다…. 그러나 개구리를 모르는 사람이라면 호기심을 갖겠지요…. 그 소리의 주인공을 알고 나면 실망하게 될 것입니다…. 이전에 보였던 관심조차 가지지 않겠지요…. 많은 사람이 자기가 개구리지만 자기 몸보다 몇 배나 더 큰 울음소리를 내려고 애를 씁니다…. 자기는 그 큰 소리를 내면서 만족할지 모르지만 듣는 이들은 그것이 개구리 소리라는 것을 압니다…. 많은 정치인이 그런 개구리와 같은 사람들입니다…. 그러나 세속의 권력을 장악하려는 사람들뿐만 아니라… 내 모습을 보십시오…. 내 안에 개구리는 없습니까? 내 안에 쇠똥구리는 없습니까? 우리는 인생의 거품을 없애야 합니다…. 영혼의 거품을 걷어내야 합니다…. 내 안에 있는 원래의 내 모습을 드러낸다고 해서 아무도 나를 탓하거나 멸시할 사람은 없습니다…. 오히려 그것을 드러내는 사람 앞에 부끄러워할 것입니다…. 왜냐하면 이 세상 모든 사람이 개구리요 쇠똥구리이기 때문입니다…. 많은 성직자가 자기도 코끼리인 양 착각하고 지내지만 결국 쇠똥구리입니다…. 산이 울린다는 것 때문에 자기 울음을 호랑이 울음으로 착각하지만 결국 개구리 울음입니다…. 많은 사람이 그 사실을 잊어버렸기 때문에 더 크게 울부짖으려

하다가 자기를 찢어버리게 되는 것이지요…. 자신을 찾아야 합니다…. 자신을 찾아야 합니다…. 내 모습을 바라볼 줄 아는 사람이 자기가 갈 길도 알게 되는 것입니다. 사람은 신이 아닙니다…. 자기 노력으로 신이 될 수도 없습니다…. 이상입니다…. 질문을 해주십시오….

김 : 우리의 성장은 남들의 영혼을 사랑함으로써 가능합니까?

원 : 그것은 상호작용이라고 할 수 있습니다…. 어느 것이 종속변인이라고 할 수 없는 것입니다…. 사랑하면 성장하게 되고, 성장하면 사랑하게 됩니다…. 다만 우리가 사랑을 측정하는 도구가 있습니다…. 그것은 바로 겸손입니다…. 내 안에 겸손이 있다는 것은 자기를 비하하는 것이 아니라, 상대의 존재를 존재 그대로 인정해준다는 것입니다…. 겸손이 무엇입니까? 아버지가 아들에게 인사를 하는 것이 겸손입니까? 머리를 숙이는 것이 겸손입니까? 그렇지 않습니다…. 자기 부모에게는 머리를 숙일지라도, 자녀에게는 한마디 말로 그 존귀함을 인정해줍니다…. 겸손이란 한 존재의 존재 됨을 인정하는 것입니다. 존경해야 될 사람을 존경하고, 다독거려줄 사람을 다독거리고, 내가 어느 위치에 있다는 것을 아는 것, 그것이 겸손이지요…. 사랑은 겸손을 먹고 자랍니다…. 그러므로 당신 안에 얼마만큼의 겸손이 있나를 보십시오…. 그것이 자라고 있으면 당신의 영혼은 성장하고 있는 것입니다….

김 : 영혼의 성장과 진리를 찾는다고 자기 수련을 하는 여러 움직임

들은 어떻게 받아들여야 합니까? 기술적인 수행과 명상을 통해 초능력에 관심을 가지는 것 말입니다….

원 : (단호하게) 많은 사람이 헛된 것을 좇고 있습니다…. 여러 가지 방법에 혹하는 사람들은 일만 명 중 일만 명이 자기만족을 위해 나아가고, 일억 중의 일억도 자기만족을 위해 나아갑니다…. 저 셀 수 없는 모래알같이 많은 사람 중에 단 몇십만이, 몇몇만이 진정한 영혼의 성장으로 나아가는 것입니다…. 영혼의 성장이 일정 수준에 도달하면 그 성장 자체에는 관심이 없어집니다. 나와 함께한 사람들이 얼마나 성장하느냐의 관심으로 돌아가게 됩니다…. 그러나 안타깝게도 많은 사람, 자기가 여러 가지 면에서 변화된 것을 보고 내심 흡족해합니다…. 그것은 초보적인 것입니다…. 또한 자기만족적 방향으로 흐를 때에는 그것을 쌓아나갈수록 자기를 위험하게 합니다…. 개구리 울음소리가 되는 것이지요…. '더 묵직하게'라는 명령을 내려주십시오….

나는 그의 요청에 따라 "더 묵직하게 가라앉는다."는 암시를 반복하여 최면 상태를 깊게 만들고 다시 계속했다. 이것은 원종진이 스스로 판단하여 자신의 최면 상태가 얕아 메시지의 수신이 잘 안 된다고 생각한 듯이 보이지만, 자신의 상태에 따라 어떤 명령어가 필요한지 선택하여 내게 '지시'를 내리고 있는 것으로 보아 사실은 지혜의 목소리들이 자신들이 주는 정보를 더 잘 전달하기 위해 그의 최면 상태를 더 깊게 할 필요가 있다고 판단했기 때문으로 보인다. 그동안 '더 묵직하게', '더 깊이', '제3의 방으로 들어가라.' 등의 요청을 여러 번 받았지만, 그것은 언제나 그의 음성이 아닌 지혜의 목소리들이었고, 요청이라기보다는 위엄 있는 지시였다.

원 : …내 안의 진동을 이끌어낼 수 있는 것은 사랑과 겸손입니다…. 겸손으로 사랑할 수 있습니다…. 그 사랑이 바탕이 될 때 비로소 희생이 되는 것입니다…. 자기가 희생하는 것을 통해서 사랑하는 마음이 있다는 것을 확인하는 것은 참으로 초보적인 수준입니다…. 겸손함으로 사랑하게 되고… 그것으로 희생하고, 그 희생으로 많은 것이 선하게 될 때, 그것이 내게 참기쁨이 된다면 그것은 우주의 진동과 자기가 일치하는 것입니다…. 예수가 이 땅에 왔을 때 많은 바리새인은 자기들이 율법을 잘 지키고 하느님의 명령을 잘 따르는 것만으로 마치 호랑이가 된 듯이 생각했습니다…. 코끼리가 된 것처럼 생각했습니다…. 그들은 마구 울어댔고, 굴려댔습니다…. 그러나 어땠습니까? 겸손하고 사랑이 있는 자가 나타났을 때 그들의 허상이 무너지고 부끄러움을 당하게 되었던 것입니다…. 이처럼 사랑과 겸손은 모든 것의 실상입니다…. 진리의 궁극적인 목적입니다…. 진리 그 자체인 것입니다…. 사랑과 겸손 중에 겸손은 밭이고 사랑은 열매입니다…. 무엇이 중요합니까? 열매가 중요하지요? 그러나 뿌리를 내릴 수 있는 토양 없이 어떻게 열매를 기대할 수 있겠습니까? 많은 사람은 개구리의 울음소리를 듣고 비웃습니

다…. 왜 저들은 저렇게 시끄러울까? 그러나 자신의 그 비웃음이 바로 개구리울음이라는 것을 알지 못합니다…. 내 영혼의 거품을 덜어낼 때 참으로 나는 자신이 내고 있는 개구리울음을 들을 것입니다…. 내가 굴리고 있는 헛된 것들을 바라보게 될 것입니다…. 거기에서 손을 떼야 합니다…. 내 안에 참열매가 자라도록 자신이 디디고 있는 존재의 바탕을 살펴야 합니다…. 그 작업이 이루어지지 않고는 진정으로 사랑할 수 없습니다…. 다른 영혼을 사랑할 수도 없을 뿐더러… 영혼과의 공감과 공명이 이루어지지 않습니다…. 참으로 겸손하고 사랑하는 사람은 자신의 위선, 허세, 가려진 것들을 모두 제거하기 때문에 추하고 부끄러운 모습이 될 수밖에 없습니다…. 사람들 앞에 자랑할 게 없기 때문입니다…. 그러나 그런 사람들이 진정으로 강한 사람들입니다…. 그런 사람들 가슴에는 우주의 진동이 담겨 있고 진리가 담겨 있기 때문에 그 울림으로, 수수깡으로 집을 지은 듯한 사람들의 위선과 세상이 주는 헛된 자랑거리들을 쓸어버리게 됩니다…. 이 시대는 자기를 바라봄으로써 스스로 부끄럽게 된 사람들이, 자신을 가림으로 스스로 높게 된 사람들을 부끄럽게 할 것입니다…. (강한 어조로) 이제까지는 사람들의 위선과 허상이 그대로 지켜지고 이어져 왔지만, 이제는 시대가 바뀔 것입니다…. (탄식하듯) 참으로… 참으로, 자기를 스스로 부끄럽게 할 줄 아는 사람이 지도자가 되는 시대가 올 것입니다…. 자기비하가 아닌 부끄러움으로, 사람들 앞에 내놓을 것이 없는 그 마음으로 많은 영혼을 품어주고 영적인 성장을 함께 나눌 것입니다⋯. (잠시 침묵한 후) 술병 속에 담긴 비밀이 있습니다⋯. 술은 물의 성질을 변화시켜 사람들을 취하게 합니다⋯. 그렇습니다⋯. 우리는 우리 안에 사랑이라는 효모를 채워야 합니다⋯. 사랑이 채워지고 그 사랑으로 우리가 발효되어서 원래의 우리 모습과 우리의 맛이 새로운 성질로 변화되면 그것이 사람들을 취하게 합니다⋯. 시대를 앞서가는 사람은 먼저 자기를 발효시켜야 되겠지요⋯. 술과 같은 사람이 되어야 합니다⋯. 사랑으로 자기를 발효시키고, 그것으로 사람을 취하게 할 수 있는 사람⋯ 그러나 좋은 포도가 좋은 포도주가 되고 나쁜 포도는 질 낮은 포도주가 됩니다⋯. 자신의 포도밭을 관리하십시오⋯. 향기로운 향을 내는 포도주를 생산하십시오⋯. (잠시 침묵한 후) 쌀뒤주가 있습니다⋯. 쌀벌레가 쌀을 파먹는 그림이 보입니다⋯. 쌀뒤주 안에 있는 벌레는 그 수명이 제한적이라고 합니다⋯. 더이상 자신 있게 말씀드릴 수가 없습니다⋯. 이 메시지의 의미를 잘 모르겠습니다⋯.

김 : 질문해도 될까요?

원 : 네.

김 : 지구상의 인구가 자꾸 늘어나는 이유는 뭡니까?

원 : ⋯새로운 경험들이 많아져야 합니다⋯. 한 영혼이 여러 육신을 통해 많은 경험을 하고, 그것을 통해 새로운 각성이 일어나게 될 것입니다⋯. 일정한 수준에 다다르게 되면 인구는 정리될 것

입니다⋯. 앞으로 새로운 시대가 열리게 되면 인구는 지금의 십분의 일 이하로 줄어들게 됩니다⋯. 한 영혼이 여러 몸으로 새로운 것을 배우게 되고, 악은 더 악해지고, 선한 것은 더욱 선해질 것입니다⋯.

김 : 지금도 한 영혼이 여러 몸을 가진 경우들이 있습니까?

원 : 그렇습니다.

김 : 인구를 십분의 일로 줄이는 것은 재난과 질병입니까?

원 : ⋯그렇게 되지 않기를 바랍니다⋯.

김 : 인간들의 행위와 각성에 따라서 유동적이라는 말입니까?

원 : ⋯그것은 마치 데생이나 스케치를 한 후에 수채화로 할 것인지 유화로 그릴 것인지를 결정하는 것과 같습니다⋯. 그 범위는 하느님에 의해서 정해지지만 그 안에서의 현상은 사람에 의해서 달라질 수 있습니다⋯.

김 : 그때 육신을 잃은 영혼들은 어디로 돌아갑니까? 깨닫지 못한 채 어디로 돌아갑니까?

원 : ⋯다시 뭉치게 될 것입니다⋯.

심 : 하나의 큰 덩어리로요?

원 : 아니오⋯. 우선은 하나로 합치게 될 것입니다⋯. 하나로 합친다는 것은 모든 영혼이 하나로 합친다는 것이 아니라, 원래의 그 모습을 잊게 될 것이고, 어딘가로 가 있게 될 것입니다⋯. 그리고 지금 심판의 모습, 재판정의 이미지가 떠오릅니다⋯.

김 : 다른 곳으로 가서 각각 심판을 받게 됩니까?

원 : …지금 제 머릿속에는 심판에 대한 개념과, 모든 영혼이 진리에 이르게 된다는 개념이 같이 떠오르고 있습니다…. 어떻게 정리해야 할지 모르겠습니다….

김 : 심판을 받은 후 각성에 이르고 다시 성장을 계속 한다는 뜻인가요?

원 : …그것은 사람의 지혜로 이해하기에는 너무 광대한 문제입니다….

김 : 편안하게 긴장을 풉니다….

원 : …아름다운 음악이 들리고… 목소리들은 더 이상 얘기가 없습니다….

김 : 오늘은 이만하도록 하죠….

아홉 번째 전생퇴행도 많은 것을 알려주었다. 감독관으로 살았던 그의 삶이 끝난 뒤 나는 처음으로 '지옥'이라고 할 수 있는 곳의 이야기를 들었다. 마사이 전사 운디테도 죽은 후에 가게 된 마을에서 자기 친구를 죽인 자책감과 후회로 지냈지만, 그곳의 모습은 지옥이라기보다 '연옥(煉獄)'이라고 할 수 있었다. 우발적인 분노로 친구를 죽인 것과 달리, 적극적으로 악한 삶을 살았던 이집트인으로서의 죽음 뒤에는 지옥의 고통이 기다리고 있었다. 자신이 휘두른 채찍보다 훨씬 고통스러운 아픔 때문에 무조건 벗어나고자 하는 갈망밖에 없었다고 그는 말했다. 앞에서 만났던 스코틀랜드의 양치기 맥코넬도 죽은 후 어두운 곳에서 자신의 잘못을 깨닫게 되었다는 얘기를 했다. 그러나 자신이 남에게 주었던 고통을 알고 괴롭기는 했지만 이번처럼 생생한 고통을 이야기하지는 않았다. 이런 기억들은 한 가지 사실을 추측할 수 있게 해 준다. 즉 죽은 후에 우리가 경험하게 되는 것들은 살아 있을 때 행했던 일들에 의해 다양하게 나타날 수 있다는 점이다. 흑백논리의 천당과 지옥이 아니라, 각자 삶의 정도에 맞는 사후세계가 기다리고 있는 것이다. 다른 환자들에서도 이 사실을 확인할 수 있었다. 과오와 실수는 많았지만 그렇게 악했다고는 말할 수 없는 삶이 끝났을 때 사람들은 편안함과 자유로움을 얘기했다. 죽음의 형태가 비참했더라도 일단 그 순간을 넘어가서는 '마음이 편하다.', '자유를 느낀다.'라고 말한다. 그리고 빛을 따라 저절로 끌려가는 경험을 이야기한다. 대부분의 환자는 여기서 얘기가 끝난다. 삶과 삶의 중간계라고 할 수 있는 사후의 세계에 대해 구체적으로 기억하는 사람은 많지 않은 것이다. 물론 사후의 기억에 더 깊이 파고들어 집중한다면 훨씬 많은 것을 찾겠지만, 그런 자료를 더 찾기 위해 환자들의 귀중한 시간을 소모할 수는 없다.

　채찍의 고통을 느끼는 것이 지옥이라면, 지옥의 고통은 끝이 있는 것이다. 그가 그 고통을 얼마간 경험한 후 다시 태어났기 때문이다. 악한 삶을 살았던 사람이 죽은 후에 겪는 고통은 깨달음과 성장을 위한 불가피한 과정이다. 그것은 보복과 파괴의 고통이 아니라 자책과 깨달음을 일깨우는 선한 목적의 고통이고, 자신의 악행을 정화하고 남들에게 준 고통을 스스로 체험하도록 주어지는 공부의 시간이다. 채찍질로 학대당하고 재산과 가족을 빼앗겼던 사람이 결국 그를 죽였고, 현재의 삶에서는 그를 사사건건 괴롭히는 직장 상사라는 사실도 흥미롭다.

전생의 기억 속에서 그 상사와 자기의 관계를 이해한 후 그를 미워하지 않게 되었고, 그에게 빚이 있다는 마음으로 지내니 훨씬 마음이 편해졌다고 한다.

인간 사회의 개혁과 혁명이 제대로 성공하지 못하고 형태만 달리한 채 본질적인 삶의 문제들을 해결하지 못하는 것은 근본적인 이기심이 극복이 안 되기 때문이라는 설명도 인상적이다. 사회학이나 정치학을 공부한 사람들의 해석보다 훨씬 공감이 간다. 이타심의 공유로 이기심이 만들어내는 온갖 불의와 불평등을 예방하고 해결할 수 있다는 말에 누가 반론을 제기할 것인가? 단순한 논리이지만 이것이야말로 가장 진실한 해결책인 것이다. 인간은 이타심과 사랑을 가질 수 없다는 전제 아래서는 아무리 복잡하고 정교한 논리로 머리를 어지럽게 해봐야 어떤 시원한 답도 얻을 수 없다.

'이카루스'는 그리스 신화에 나오는 인물이다. 날개를 만들어 밀랍으로 몸에 붙이고 태양에 너무 가까이 날아갔다가 태양열에 밀랍이 녹아 추락했다. 이 비유는 자기 존재의 근본을 모른 채 시도하는 온갖 지적인 노력의 허무함을 말하고 있다. 마음공부와 수행이라는 이름 아래 행해지는, 진정한 깨달음과는 관계없는 지엽적이고 잡다한 노력들이 많다. 이 노력들은 사람들의 지적 만족과 자기 능력의 과신으로 이어져 '나는 누구이며 어디에서 왔는가?'라는 진지한 추구를 벗어나 자가당착적이고 자기합리적인 방향으로 흐른다는 것이다. 수많은 사이비 종교와 실천 없는 신앙들, 영혼에 대해 안다고 하지만 사랑이 없는 사람들이 이런 부류에 속할 것이다. 코끼리와 쇠똥구리, 개구리의 비유도 세상의 모습을 잘 말해주고 있다. 저마다 목청 높여 스스로를 광고하는 시대, 가진 것보다 몇 배 더 낭비하고 아는 것보다 몇 배 더 떠드는 세상의 모습에 대한 경고이자 자신의 그릇을 진정으로 키우고 닦으라는 가르침이다.

영혼의 성장과 사랑, 겸손에 대한 이야기에 대해 너무 종교적이라며 거부감을 갖는 사람들도 있을 것이다. 그러나 목소리들은 한 번도 어떤 한 종교만 지지하지 않았고, 오히려 실천이 없는 종교는 가장 큰 이단이며 자신을 치장하는 장신구에 불과하다고 나무랐다. 종파적인 종교를 넘어 모든 사람에게 보편적인 진리만을 얘기하고 있는 것이다. 예수나 하느님이라는 말이 자주 나오기는 하지만 불교와 부처에 대해서도 이야기하고 있다. 원종진이 교회에 다니기 때문에 그에게 익숙한 예를 자주 들어 메시지를 전한다고 생각하면 이해가 쉬울 것이다. 그가 불교 신자였다면 부처의 가르침이 더 많이 나왔을 것으로 생각한다.

인구 증가에 대한 대답은 좀 낯선 것이다. 에드거 케이시는 지구상의 인구 증가가 고대 문명국가인 아틀란티스 시대에 살았던 사람들이 많이 돌아오기 때문이라고 말했었다. 이와는 별도로 초심리학의 이론 중에는 한 영혼이 여러 육체를 동시에 소유할 수 있다는 주장이 있는데, 목소리들은 이 이론도 사실일 수 있다고 말해준다. 정확히 어떤 방식으로 그런 일이 일어나는지는 모르지만, 그 목적은 '많은 것을 배우고 경험하기 위해서'라고 한다. 정리되는 인구와 뭉치는 영혼, 심판과 진리에의 도달 등의 얘기는 지금 우리가 갖고 있는 논리로는 이해할 수 없지만 언젠가는 좀 더 이해하는 때가 올 것이다.

열 번째 만남
고통의 의미, 진정한 수행, 전쟁과 평화, 예언과 교훈들

이번에는 전생의 기억으로 들어가지 않았다. 짧은 시간에 깊은 최면 상태로 유도되어 바로 목소리들과의 접촉으로 이어졌다.

원 : …사람은 현재 주어진 행복에 만족해야 하지만, 거기에 안주하면 안 된다고 얘기하고 있습니다…. 한계 지어진 상황에 안주하게 되면 영혼의 발전은 없게 되고 성장도 없게 된다고 말합니다…. 영혼의 성장에 대해… 거친 피부를 보여주고 있습니다…. 그 거친 피부가 상징하는 것은… 우리가 비바람을 맞고 강한 추위와 바람 속에서 살결의 모습은 거칠고 흉해지지만 아주 튼튼하고 강하게 된다고 합니다…. 마찬가지로 우리의 어떤 어려움들도 그 어려움을 겪는 동안이나 끝난 후에는… 우리의 모습이 아름답지 못하지만 무척 단단해집니다…. 그러므로 여러 고난들은 신이 우리에게 주시는 하나의 훈련장이 됩니다….

이상입니다.

김 : (잠시 그의 표정이 편안해지기를 기다렸다가) 주위에 보이는 것이 있습니까?

원 : …배추가 보입니다…. 배추는 넓게 펴지려는 속성이 있고, 농부는 새끼줄로 그것을 묶어줍니다…. 세상 사람들이 자기가 살고 싶은 대로만 산다면 삶이 무슨 가치가 있겠습니까? 하느님이 새끼줄로 감을 때 그 답답함이 있겠지만 그것을 통해서 상품 가치가 생기지 않습니까? 우리 삶에 주어지는 여러 제약들을 즐기는 삶을 사십시오…. 그 제약은 나를 성장시킬 때 내 에너지를 집중시키는 작용을 하게 됩니다…. 정녕 선한 삶을 살기를 원하는데 많은 제약이 있다면, 그 제약들은 신의 축복입니다…. 제약을 축복으로 받아들일 때 영혼의 성장이 일어나게 될 것입니다…. 생활이 더욱더 풍성해질 것입니다…. 기약 없이 보인다 할지라도 내면으로는 많은 것이 자라나고 채워지게 됩니다…. 알이 꽉 찬 배추가 된다는 것입니다…. 왜 악인들이 더 잘살게 되고 물질적으로 풍성하게 살게 될까요? 내가 한 가지 질문을 하겠습니다…. 물질과 명예를 누리고 안락한 삶을 사는 것이 과연 복된 삶일까요? (느리고 강한 어조로) 그렇지 않습니다…. 물질과 안락함은 정해진 기한이 있고, 그후에는 다 썩어질 것입니다…. 화려함의 추억들이 오히려 더 큰 쓸쓸함을 낳게 될 것입니다…. 하느님이 팽개쳐둔 듯한 사람이… 자기들의 삶을 누리고 만족하다가 무거운 허탈감에 빠질 영혼들보다

는, 선한 갈등을 통하고 그런 선한 마음이 주어지는 환경적 제
　　약을 기뻐하는 사람이… 자기 영혼의 수고와 성장을 기뻐하게
　　될 것입니다…. 육체적 한계와 정신적 한계… 어느 것이나 극
　　복하는 원리는 마찬가집니다…. 생각해보십시오…. 우리는 백
　　신을 주어가면서까지 병에 대해 자신을 강하게 하지 않습니까?
　　작은 고통의 연습은 더 큰 고통을 이기는 백신입니다…. 나의
　　어려움을 이기는 항체가 형성되기 때문입니다…. 이상입니
　　다….

김 : 긴장을 풀고 휴식합니다….

원 : …'세상의 허탈한 것들'이라는 말이 들리면서 ○○스님(몇 년 전
　　세상을 떠난 큰스님의 법명)의 찡그리는 모습을 보여줍니다…. 왜
　　찡그리는지는… 그것이 그 영혼의 상태라고 합니다….

김 : 그는 어떤 인물이었습니까?

원 : 사람의 영역을 무한히 확장시켜보려고 애쓴 사람이었습니다….
　　그러나 또한, 새로운 후회 가운데에 있습니다…. 그는 죽은 이
　　후에 새로운 한계를 느꼈기 때문입니다…. 결국 인간의 능력과
　　힘이라는 것이 너무나 보잘것없다는 것을 알게 되었다는 뜻입
　　니다….

김 : 영들의 세계에서 그가 실망하고 있다는 말입니까?

원 : 자기 삶에 대한 실망입니다….

김 : 사랑이 없었습니까?

원 : (안타까운 듯) 그 또한 그렇다고 할 수 있지만 더욱 중요한 것

은… 자기 존재에 대해서, 존재의 근본을 잊어버렸다는 것입니다…. 즉 인간 존재의 본래 모습을 탐구하지 않고 성장만 바라보았기 때문에 마치 사상누각처럼 된 자기 영혼의 불균형한 모습을 발견하게 되었습니다…. 죽은 후에 말입니다…. 그 영혼엔 평강이 없습니다…. 우리는 모든 수행과 정진에 있어서 자기 존재의 본질을 기억해야 합니다…. 우리는 신과 조화해야 합니다…. 그러나 자기가 서 있는 위치에서 그런 것을 이루어야 합니다…. 그런 사실을 망각한다면 많은 수고와 노력이 헛된 것이 될 것입니다…. 자기를 더 피곤하게 만들 것입니다…. 여러 철학자들이 많은 사람을 가르쳤지만 정작 자신의 영혼이 고통스러웠던 것은… 존재의 근본을 보지 못했기 때문입니다…. 마치 이것은 기초 없이 쌓아올린 집과 같아서 진동이 올 때 무너지게 됩니다…. 그러므로 우리는 우리 존재의 근본을 확인해야 하며, 우리의 영적 진보의 틀과 출발점을 거기에 맞춰야 한다는 것입니다…. 사람은 사랑하기를 원할 수는 있으나 참사랑을 줄 수는 없다는 것을 알아야 합니다…. 자기가 우주의 중심이 아니라는 것… 우주의 일부라는 것도 알아야 합니다…. 가장 큰 완성은 자기 영역이 넓어지는 것이 아니라, 자기가 있어야 할 곳이 어딘지를 아는 것입니다…. 이것이 참된 조화를 이루어낼 것입니다….

김 : 잠시 쉬면서… 편한 마음으로, 보이면 보고 들리면 들으세요…. 자유롭게 진행합니다….

원 : …지금 우리나라에서 진행되고 있는 백혈병 퇴치 캠페인에 대해서 목소리들은 걱정하고 있습니다…. '그것은 사람들의 진지한 사랑을 이끌어내는 것이 아니라 충동적으로 사람의 감정을 움직여서 이끌고 나간다.'고 합니다…. 그러나 그 안에 참사랑이 없기 때문에 거짓과 포장된 모습들이 난무하게 된다는 것입니다…. 그것은 사람들의 이름을 높이는 또 하나의 수단이 될 뿐입니다…. 이미 그것은 사랑의 영역이 아니라 자기 자신에 대한 집착의 영역입니다…. 많은 사람을 돕고자 하는 여러 운동과 움직임이 있지만, 참된 사랑을 가지지 못하고 하나의 경향과 흐름으로만 이끌어간다면 그 운동들은 생명력을 가지기가 어렵습니다…. 이런 모든 운동이 중간에 약해지는 이유는, 그 안에 참사랑을 담지 못하고 하나의 경향으로만 흘렀기 때문입니다…. 사람들의 감정이 식어갈 때 사랑하지 못하는 원래의 상태로 다시 돌아간다는 것입니다…. 목소리들이 그런 운동을 경계하는 또 다른 이유는, 그 운동을 통해 이익을 보게 될 사람들이 배후에 도사리고 있고, 그 사람들이 이 운동에 힘을 실어주기 때문입니다…. 악한 의도는 아니나 많은 병원에서 그런 골수 이식을 통해 자기들의 소득이 증가할 것을 기대하고 있고, 그것을 진행시키는 방송사는 자기들의 선한 행위들이 사람들의 마음속에 남아 있기를 원합니다…. 그렇기 때문에 목소리들이 싫어하는 것입니다…. 이것은 하나의 예일 뿐입니다…. (잠시 침묵한 후) 참된 사랑과 선행은 자기를 포장하지 않도록 하는 것

입니다…. 나의 선행이 내 이름을 드러내게 하고 또한 내가 그것을 즐긴다면… 그것은 허상을 좇아가는 것입니다…. 정녕 선한 일을 아무도 모르게 해야 할 진정한 이유는, 선한 일이 우리에게 주는 이익, 곧 내 영혼의 성장과 신께로 가까이 나아감을 돕는다는 데 있습니다…. 그러나 자신의 명예와 도덕적 쾌락을 느끼려는 선한 행위들은 자신의 영적인 성장과 아무런 상관이 없습니다…. 그것들은 영적 성장에 사용해야 할 에너지를 집중시키지 못하게 합니다…. 그것은 이미 선한 행위가 아닙니다…. 거기에는 사랑도 없고 겸손도 없습니다…. 인내가 없기 때문에 지속되지 못합니다…. 많은 사람이 스스로 수고해서 그럴듯한 모습으로 자기를 포장하고 드러내지만 모두가 쓸데없는 행위입니다…. 불필요한 노력이라는 것입니다…. 드러내지 마십시오. 숨어서 행하십시오. 보상을 기대하지 마십시오. 당신의 영혼이 더욱더 진보하고, 하느님이 주신 원래의 형상을 닮아가는 것으로 만족하십시오…. 그것이 가장 큰 상입니다…. 가장 큰 보상이 됩니다…. 그런 마음으로 하느님의 형상과 이미지를 내 안에 새겨나가서, 내가 그분과 같이 되고 그분의 일부분으로 내가 끼워져야 할 부분에 들어갈 때 우리 존재의 궁극적인 목표를 이루게 된다는 것입니다…. 예수가 2000년 전에 유대인 성직자들을 야단칠 때 그 마음 가운데에는 그들의 수고로운 삶에 대한 연민이 있었습니다…. 자신의 성장과 아무 상관없는 그러한 선한 삶은 삶의 고통만 가중시킬 뿐이지요. 도덕적인 쾌락만 남을 그런 삶…. 그런 삶을 우리는 이제 배제해야 합니다…. 이상입니다…. (잠시 침묵한 후) 한국에 있어서 많은 영적인 선각자가 범하고 있는 오류는… 마치 그 능력이 모두 자기 자신에게서 나온 것이라고 믿는 것과, 많은 민족을 섬겨야 할 사람들이 그 능력에 도취되고 있다는 것입니다…. 섬겨야 합니다…. 과거의 많은 나라는 세계를 지배함으로 자기의 권력을 확인했지만… 이제 이 나라는 여러 나라를 섬김으로 자신의 권위를 새겨야 될 것입니다…. 존경과 사랑으로부터 나오는 권위… 이것을 위해서 더 많은 사람과 자원봉사자는 나아가야 될 것입니다…. 그들이 무엇인가 선한 것들을 이루는 것이 아니라 그런 일들을 할 수 있는 분위기들, 영적인 공명들이 이 나라를 청결하게 할 것입니다…. (확신에 찬 듯) 악의 세력들이 제거될 날이 얼마 남지 않았음을 말해주고 있습니다…. 사탄이라고 할 수 있는 얼굴이 찡그리고 있습니다…. 이제 세상은 순수하고 어리숙하기까지 한 그런 착한 사람들이 주도권을 잡아나가게 될 것입니다…. 힘의 지배는 끝납니다…. 그러나 완전히 종식되지는 않습니다…. (잠시 휴식한 후) 새로운 전쟁의 기운이 보입니다…. 항공모함에서 비행기가 이륙합니다…. 어디일까요? 중동 쪽입니다…. 북아프리카… 동(東)티모르의 모습이 보입니다…. 보스니아…. 우리는 얼마나 그런 사람들을 위해서 내 마음 가운데에 아픔을 가졌습니까? 목소리들은 그 사건들에 대해서 무척 비통해하고 있습니다…. 인류의 출현 이래로 시작되었던 전쟁의 역사들… 하느님의 뜻으로 시작된 전쟁은 막을 수 없지만, 우리는 그러한 시대가 끝나고 평화의 시대가 올 것을 기대해야 합니다…. 우리 마음 저 깊은 곳에 전쟁으로 인해서 고통받고 있는 사람들의 마음을 풀어야 합니다…. (무척 괴롭고 처절한 목소리로) 그 두려움, 떨림, 굶주림에 억눌린 영혼들은 우리가 함께 영혼을 울려서 기도해야 합니다…. 우리가 따뜻함을 누릴 때 저 건너편에 있는 사람들은 전쟁의 폐허 속에서… 두려워하고 굶주리고 있습니다…. 우리가 겪고 있는 모든 고통에 대해서 우리의 영혼은 그쪽으로 눈을 떠야 합니다…. 그들이 바라는 만큼… 그런 간절한 마음으로 그 고통들이 사라지도록… 기도의 마음으로… 지혜의 목소리들은 가슴 아파합니다…. (괴로운 탄식과 신음을 내며 약 1분간 침묵함.)

지금 저에게는 보스니아 내전을 겪고 있는 열세 살짜리 여자아이의 모습이 보입니다…. 망연자실한 모습…. 그 아이는 부모를 잃었군요…. 수용소에 있습니다…. 아무도 돌봐주지 않지만 혼자 자라야 합니다…. (아주 크고 강한 어조로) 우리는 마음을 울려서 우리의 심상을 그들의 혈관에 연결시켜야 합니다…. 사랑으로… 사랑으로…. 지금 제 눈앞에 잡다한 영상들이 나타납니다…. 누구도 치유해줄 수 없는 그 마음을 내가 가져야 합니다…. 보이지는 않지만 멀리 있는 곳의 사람들에게 우리의 사랑을 보내야 합니다…. 물자를 보내주고 시스템을 마련해주는 것만으로 되는 것이 아닙니다…. 이 땅에 평화가 올 그날은,

이 땅에 있는 많은 사람이 평화를 구해야 하며, 그것은 하느님께 구해야 합니다…. 우리의 마음을 우주의 진동에 맞춰야 합니다…. 그리고 그 힘을 끌어들여서 이 땅을 휩쓸고 있는 전쟁과 기아와 공포를 부서뜨리고, 그것들이 다시는 일어나지 못하도록 횃불로 지지듯이 지져야 합니다, 사랑의 불길로…. 우주에서 가장 큰 에너지인 사랑으로… 우리는 우주의 움직임을 거스르는 모든 세력을 다스려야 합니다…. 평화를 구하는 마음으로, 영혼을 사랑하는 마음으로… 우리는 그 일을 해야 합니다…. 이상입니다….

이 말과 함께 전해진 감정적 에너지는 굉장했다. 연민과 슬픔의 파동이 모든 단어에 스며 있었고, 그 떨림은 진정 가슴속에서 울려 나온 신음과 탄식으로 이어졌다. 나는 완전히 압도되어 그 처절한 영혼의 공명을 지켜보았다. 그것은 고통받는 사람들에 대한 진정한 사랑과 연민의 표현이었다. 악의 세력에 대해서도 무척 강한 어조로 한마디 한마디에 힘을 주어 말했다. 말이 끝났을 때 나는 잠시 휴식할 것을 지시했고, 그는 잠깐의 휴식 후 또 다른 가르침을 전했다.

원 : 맷돌에 콩이 갈려 두부가 되는 것으로 또 새로운 가르침을 줍니다….

김 : 들어보세요.

원 : …우리가 남을 섬기려 할 때는 딱딱한 콩과 같아서, 그 사람에

게 직접적으로 유익을 주기는 어렵습니다…. 우리는 우리 자신을 물에 불리고 돌에 갈아서 자신의 모습을 사그러뜨려 두부로 만들어져 사람들에게 먹히는 것과 같이 그렇게 섬겨야 합니다…. 많은 선한 사람이 고통을 겪는 이유는 바로 이런 두부가 되는 과정이기 때문입니다…. 원래 가지고 있는 이 딱딱한 마음들을 불리는 과정을 거쳐야 하고 껍질을 벗겨야 하며, 원래의 형상조차 깨부수는 작업이 있어야 한다는 것입니다…. 이것이 이뤄지지 않고서는 사람들에게 들어갈 수 없습니다…. 부드러운 모습이 될 수 없습니다…. 내가 선하게 살기로 했는데 많은 고통이 있다면… 맷돌에 갈리는 것처럼 고통이 있다면… 이것은 내 안에 있는 옳지 못한 것들이 갈리는 것이라고 생각하십시오…. 콩을 맷돌에 간다고 그 화학적 성분이 달라지나요? 그렇지 않습니다…. 사람들이 섭취하기 힘든 물리적 성질만 달라질 뿐입니다…. 그렇습니다…. 우리는 신께서 주신 고귀한 모습을 잃지 않되 자신이 가지고 있는 모난 부분, 구석진 부분을 맷돌에 갈아야 합니다…. 신께서 주시는 시련과 인생의 고난을 통해 그것들을 갈아내고 순수하게 정제되어야 합니다…. 오늘은 여기까지만 하라고 합니다….

고통과 고난은 우리들 영혼의 성장을 위해 신이 주는 훈련이라고 했다. 주어진 행복 안에 안주하는 것은 성장을 멈추고 배움을 포기하는 것이라고도 했다.

깨달음의 화신으로 추앙되던 고승에 대한 얘기는 뜻밖이었다. 그러나 잘 생각해보면, 그럴 수 있을 것 같다. 수행 자체에 몰입하여 지나치게 영웅적인 정진을 하다 보면 출발점을 잊고 자기 능력의 증대라는 목표에만 집착할 수도 있기 때문이다. 일생을 바쳤던 그 노력들은 앞으로 다시 살아야 할지 모를 생애들에서 참진리에 이르는 데 큰 도움을 주는 업이 되겠지만, 지난 생애에서는 후회할 점들이 남았다는 것이다. 초능력이나 염력 등의 수련을 하는 것도 자기 영혼의 성장과는 아무 관계없는 지적 만족과 자만심을 위한 노력이라고 했다. 모든 수행의 기본이 되는 자기 존재의 근거를 망각해서는 참진리에 이르지 못한다는 점을 일깨우는 이야기다. 드러나지 않는 선행의 가치와 백혈병 환자에 대한 대대적인 캠페인에 대한 경고도 귀담아 들을 만한 이야기이다. 전쟁의 공포에 짓눌린 사람들에 대한 연민과 영혼의 공명을 호소할 때의 그 강렬한 슬픔의 울부짖음은 진정 인류를 사랑하는 신의 사랑이라고밖에 표현할 말이 없다.

한일 관계와
우리 사회에 대하여

언제나 미묘한 관계인 한국과 일본 두 나라 사이는 요즘 들어 일본이 독도 영유권을 강하게 주장하고 나옴으로써 불편한 국면에 놓여 있다. 전 국민이 분개하고 우려하는 문제인 만큼 원종진과의 또 다른 전생퇴행 작업 중 기회가 있을 때 목소리들에게 질문해보았다. [이 퇴행 작업은 1998년에 이루어져 현 시점의 상황과 다소 차이가 있음을 미리 알린다.]

김 : 한국과 일본의 관계는 어떻게 됩니까?

원 : …한국과 일본의 관계는… 다시금 협력 관계로 돌아서게 될 것입니다…. 그렇지만… 마지못해 그렇게 하는 것이고… 더 이상 진밀해지지는 않습니다….

김 : 우리 민족이 일본에 대한 빚이 많은가요?

원 : …서로가 서로에게 갚아야 할 빚이 있습니다…. 일본은 많은

사람을 죽이고 괴롭힌 것에 대해서… 한국은 수천 년 동안 그들을 멸시한 것과… 그들을 모욕한 것에 대해서, 그리고 일본으로 쫓겨나야만 했던 사람들에 대한 가혹함을 반성해야 합니다….

김 : 고대의 역사 말입니까?

원 : 네…. 한국에서 그것을 먼저 풀지 않으면 일본과의 관계는 풀리지 않습니다…. 일본 지도층, 지배집단의 의식에는 유전적으로… 수천 년 전부터 당해 왔던 핍박과 멸시, 모욕감이 전해져와서… 그것이 하나의 복수심으로 무의식 속에 자리잡고 있습니다…. 한국 사람들은 그것을 먼저 사과할 수 있어야 합니다….

김 : 한국이 먼저 사과하면 그들의 마음이 풀어집니까?

원 : (안타까운 듯) 그렇지 않습니다….

김 : 해결 방법이 뭡니까?

원 : …자신이 바른 길을 가게 되면 왜곡된 것도 그 길을 따라오거나 부서지거나 둘 중 하나입니다…. 자기가 할 것을 하고 다음은 하늘의 뜻을 기다려야 합니다…. 공을 일본에 넘긴다는 것입니다….

김 : 구체적으로 우리가 할 일들은 어떤 것들입니까?

원 : …겸손한 마음을 모든 사람이 가져야 합니다…. 한국 사람들은 약자에 대해서 오만한 마음을 많이 품어 왔습니다…. 정신적인 리더가 되려면 겸손을 배워야 합니다…. 겸손함으로 격을

달리해야 합니다…. 기본적으로는 도덕과 양심이 제자리를 찾아가고, 양심과 규범대로 사는 삶이 우선 급합니다….

김 : 도덕으로 무장한 사회질서가 필요하단 말입니까?

원 : 그렇습니다….

김 : 그 도덕은 종교적인 도덕이나 윤리적인 도덕 중 어떤 것을 말합니까?

원 : …모든 것을 통합한 도덕입니다…. 즉 그 도덕의 핵심은 겸손과 희생입니다…. 겸손하고 봉사할 줄 알게 되면 모든 왜곡된 것들이 바로 서게 됩니다…. 한국이 당한 어려움은 궁극적으로는 자기 죄의 대가이고… 새로운 것을 준비하는 과정이 될 수 있습니다….

김 : 앞으로 우리 사회는 지금보다 도덕적인 방향으로 나아갈 잠재력이 있습니까?

원 : 그런 움직임이 여러 군데에서 일어날 것입니다….

김 : 당신들의 메시지도 그런 움직임을 돕는 역할을 할 수 있습니까?

원 : 국지적으로는 그렇게도 되고… 목소리들의 메시지는 단순히 한국에만 머무는 것이 아닙니다…. 도덕적으로 변화시키는 데에 도움을 줄 것입니다….

김 : 이 메시지들이 멀리까지 퍼져나가게 됩니까?

원 : 네…. 다양한 사람들이 듣게 되고, 자기 것으로 만듭니다…. 아침의 수탉 울음소리와 같은 역할을 하게 될 것입니다…. 하

나의 씨앗과 같은 역할을 하게 됩니다….

김 : 그런 도덕적인 운동을 큰 저항 없이 많은 사람이 받아들이게 됩니까?

원 : 이 운동은 표면화되어서는 실패합니다…. 각 개인이 자기 삶의 현장에서 말없이 변화되고, 그것이 행동으로 사람들에게 전해져야 합니다…. 캠페인이 되면 또 실패하게 됩니다….

김 : 진정한 깨달음을 이룬 많은 개인이 필요하다는 말입니까?

원 : 그렇습니다…. 그렇지만 몇 사람의 핵심적인 지도자가… 사람들의 이목을 받지 않는 가운데… 점차 이런 일들이 이어져 나갈 것입니다…. 두 가지 방향으로… 하나는 대중의 공감이고, 또 하나는 새로운 사람들의 삶을 통해서… 그렇게 전달될 것입니다….

고대사에서 한국은 늘 일본을 천대해 왔다. 오랜 세월 동안 이곳에서 삶의 터전을 잃거나 권력투쟁에서 밀려난 많은 사람이 건너가 정착한 곳이 일본이고, 조선조 초기만 해도 조선은 일본에 대해 형님 행세를 단단히 했다. 근세사에서는 한국이 일본에 의해 많은 피해를 입고 한때 식민지가 되기도 했지만, 우리의 마음속에는 일본에 대한 뿌리 깊은 멸시감이 있음은 누구도 부정하지 못할 것이다. 지금은 그들이 경제대국을 이루었지만 고대에는 문물을 모두 우리 선조들에게서 전해 받았고, 백제로부터 건너간 유민들이 일본의 지배계급을 이루었다는 사실을 우리는 모두 알고 있다. 목소리들은 우리의 그 깊은 멸시와 천대가 그들의 복수심을 만들었고, 그 결과 그들의 침략에 의한 피해를 입게 된 것이라고 말한다. 민족 간의 카르마를 해결하는 방법도 개인 간의 경우와 같다. 사랑과 겸손이 필수다. 우리가 겸손한 마음으로 그들을 인정해줄 때 두 나라 사이의 뿌리 깊은 불신과 원한을 풀 수 있는 실마리가 생긴다는 것이다.

도덕적 사회로의 변화는 목소리 높여 도덕의 가치를 떠든다고 이루어지는 것이 아니라 개개인의 삶이 변화되는 과정 가운데 자연히 실현된다고 했다. 감정과 변덕에 호소하는 일시적인 캠페인이 아닌 진정한 깨달음을 얻은 한 사람 한 사람이 모여 큰 변화를 이룰 수 있고 사회 전체의 흐름을 바꿀 수 있다는 것이다. 목소리들의 메시지는 그런 변화에 도움을 줄 것이며, 새벽을 깨우는 수탉의 울음과 같은 역할을 한다고 했다. 인류 보편의 진리들에 대한 이 메시지는 멀리까지 퍼져나가 다양한 사람들에게 전해질 것이라고 했다.

흥미로운 두 사례

'폐비 윤 씨' 이야기

    사람들이 기억해내는 전생 가운데는 가끔 객관적인 자료를 통해 확인할 수 있는 경우도 있다. 과거 삶에서 유명 인사였다고 주장하는 사람들은 일단 의심의 눈길을 받게 된다. 그러나 과거의 유명인들도 남들처럼 환생의 법칙을 피할 수는 없을 것이다. 만약 그들 중 하나가 전생퇴행 치료를 받게 된다면 그 기억들이 되살아나서 과거에 유명했던 그 사람의 삶을 다시 만날 수도 있을 것이다. 그러나 놀랄 만한 인물의 환생이라고 주장하는 보고는 전생퇴행의 역사가 수십 년 된 미국에서도 아직 나오지 않고 있다.

    현재 내 환자 중에는 상당히 흥미로운 사실을 기억해낸 사람이 있다. 최면 감수성이 비교적 강한 이 환자는 30대 초반의 여성인데, 우울 증상으로 치료를 받고 있었다. 처음의 전생퇴행에서 그는 다음과 같은 장면들을 보았다.

맨 처음에 본 것은 흰 신발과 하얀 옷을 입고 있는 자신의 모습이었다. 아주 아름다운 자태의 여인이었으며, 머리를 길게 한쪽으로 묶어 어깨 위로 드리우고 있다고 했다.

다음 장면은 궁중(宮中)으로 생각되는 곳의 정원이었다. 주위가 캄캄한 밤이었다. 손에는 옥으로 된 쌍가락지를 끼고 있었다. 장면이 겹치면서 기둥이 많은 주랑(柱廊)이 어렴풋이 보였고, 경복궁 같은 곳이었다고 했다. 자기가 서 있는 건물 앞에는 나무가 있고 그 건물의 그림자가 뚜렷이 보였다고 했다.

다음 장면에서는 화가 난 젊은 임금의 붉은 얼굴과, 그 옆에 붉은 옷을 입고 서 있는 심술궂은 여인을 보았다. 임금의 얼굴은 지금 자기를 몹시 힘들게 하고 있는 직장 상사였다. 자신은 뭔가를 열심히 임금에게 호소했지만 임금은 들으려 하지 않았다. 그때의 억울하고 원통한 심정이 너무나 생생했다. 자신의 신분은 고귀하나, 모함에 몰려 죽는다는 생각이 들었다.

다음 장면은 낮이었고, 검은 소반에 얹힌 약사발을 보았다. 주위에 다른 사람들도 있었지만 기억이 잘 안 난다고 했다. 그다음에는 참한 규수로서의 자기 모습이 떠올랐다. 키는 작은 편이었지만 낯빛은 무척 희고, 이목구비의 선이 가늘고, 얼굴이 아주 예쁘다고 했다.

다음 장면에서는 약을 먹고 죽어 있는 자신의 모습을 내려다보고 있었다. 그 생애에서의 배움은, 질투하지 말아야 한다는 것과 사랑해야 한다는 것이었다.

이 기억들을 되살린 후 환자는 가볍게 웃어넘겼다. 믿기지 않는다고 했다. 그러나 그 이미지들은 사진보다 더 선명하고 또렷하다고 했고, 입고 있던 옷의 결이 생생히 느껴지고, 정교한 수(繡)의 형태도 자세히 보였다고 했다. 그는 어릴 때부터 한약 달이는 냄새를 맡거나 한약을 담은 사발을 보면 '저걸 먹으면 죽는다.'는 생각과 함께 소반에 올려진 사약의 이미지가 떠올랐고, 시내에 있는 고궁에 가거나 그 담 옆을 지나갈 때면 강한 기시감(旣視感)을 느껴왔었기 때문에 아마도 그것과 관련이 있나 보다라고 스스로 해석했다. 또 어릴 때부터 화가 나거나 신경을 많이 쓰면 항상 심한 구토 증세가 나타났고, 먹은 것이 없는데도 배가 뒤틀리는 증세를 자주 경험해 왔다고 했다. 이 현상은 특히 그 직장 상사를 만나야 할 때나 그와의 불화에 대해 골똘히 생각할 때면 어김없이 나타난다고 했다.

사약을 받고 죽은 고귀한 여인이란 말에, 내 머릿속에는 조선 9대 임금이었던 성종의 중전이었고 연산군의 모후인 폐비 윤씨가 떠올랐다. 이 환자는 그런 역사적 사실과 인물에 대해 전혀 모르고 있었다. 그게 누구일 것이라는 짐작조차 하지 못하고 "정말 그렇게 죽은 사람이 있었느냐?"고 물었다. 자기는 그런 장면들을 상상조차 한 적이 없으니 신기하긴 하지만 아마 환상이나 상상일 것이라고 말하면서 돌아갔다.

일주일 후 다시 진료실을 찾은 환자는 왠지 약간의 거부감을 보이다가 최면에 응했다.

이번에 본 것은 화려한 궁중 예복을 입고 임금과 나란히 앉아 있는 자신의 모습이었다. 주위에 궁중 나인들이 보이고 이번에는 푸른 옷을 입은, 지난번에 봤던 여인을 또 보았다. 자신의 손을 보니 큰 금가락지를 끼고 있었고, 발에는 화려한 신을 신고 있었다. 여러 개의 장면이 지나가면서 대신들이 엎드려 있는 모습도 보았다. 임금에게 자신의 결백을 주장하며 뭔가를 열심히 얘기했지만 임금은 반신반의하는 태도였고, 임금의 그런 태도는 분명 모함 때문이었다.

궁정의 뜰과 계단에서 놀고 있는 서너 살의 통통한 아들의 모습도 보았다. 복건을 쓰고 아이들이 첫돌 때 입는 듯한 옷을 입고 있었다.

다음 장면에서는 흰 옷을 입고 있는 자기 모습과, 색깔을 알 수 없는 짙은 빛깔의 옷을 입은 관헌들의 모습을 보았다. 누군가로부터 사약을 받았는데, 그때 자신이 서 있던 자리는 돌이 깔려 있는 바닥이었다. 처음에는 사약을 거부하다가 결국 체념하고는 북녘을 향해 절을 하고 앉아 사약을 마셨다. 절을 할 때 멀리 궁궐의 높은 지붕 끝이 보였다고 했다. 죽기 전의 마음은, 너무나 억울하다는 것과 아들을 간절히 보고 싶다는 처참한 심정이었다. 짙푸르고 커다란 잎이 달린 나무들도 보았다. 죽음의 장면은 첫날 보았던 것과 똑같았고, 죽어서 널부러져 있는 자신의 모습을 위에서 내려다보았다. 시대를 물으니 조선이라고 했고, 연도를 물었을 때 숫자 1, 4, 8, 2가 눈앞에 보인다고 했다. 죽은 후의 모습은 뚜렷하진 않지만 피를 많이 흘린 것 같지는 않다고 했다.

깨어난 환자는 상당히 놀라는 모습이었다. 지난번에는 환상이라고 생각했지만, 이번에는 심각한 얼굴로 "그건 모함이었어요…."라는 말을 몇 번이나 반복하면서 흥분을 가라앉히려 애썼다.

나는 그날 퇴근 후 집에 돌아와 '국사 대백과사전'을 뒤져 폐비 윤씨와 성종에 대한 내용을 찾아보았다. 폐비 윤씨가 사망한 연도는 서기 1482년이었고, 음력 8월이었다. 죽기 직전에 짙푸르고 잎이 큰 나무들을 보았다는 것은 늦여름인 음력 8월이었기 때문일 것이다. 더욱 흥미로운 것은 궁중 뜰에서 놀던 어린 아들에 관한 것이었다. 이 환자가 전생에서 실제로 폐비 윤씨였다면 그 아들은 연산군이 되는데, 그가 지금의 남편이 틀림없다고 했다. 직장에서 자기를 무척 힘들게 하는 변덕스런 상사가 있는데 그 사람은 바로 그 임금이고, 현재 삶에서 동생처럼 따르는 친한 남자 후배는 친정 동생이라고 했다. 죽은 연도와 계절은 확인이 되었는데, 죽기 전 멀리 궁궐의 높은 지붕이 보였다는 얘기와 자신이 사약을 받은 장소의 바닥에 돌이 깔려 있었다는 얘기는 확인할 수 없었다. 내가 알고 있는 역사 상식은 폐비가 친정에서 사약을 받았다는 것뿐인데, 그 친정이 어딘지는 몰랐다. 그냥 막연히 생각하기는 어딘가 먼 시골이려니 여겼다. 그러나 이리저리 알아보니 윤씨의 친정은 먼 곳이 아니라 '연화방(蓮花坊)', 바로 지금의 종묘 옆 연지동에 자리 잡고 있었음을 알게 되었다. 그렇다면 궁궐과는 지척의 거리이고 그 시절에는 높은 건물도 없었으니, 멀리 궁궐의 높은 지붕이 보였을 수도 있는 것이다.

이 환자는 폐비 윤씨의 이야기를 정말 모르고 있었다. TV 연속극에서도 가끔 다룬 주제이지만 그는 원래 연속극이나 텔레비전에 별 관심이 없었다. 다음 면담 시간에 내가 윤씨의 얘기를 언급하자 그는 그것을 사실로 쉽게 받아들였다. 나아가 사실 여부보다 "그것은 완전한 모함이었다."는 말을 몇 번이나 강조하면서, 그 직장 상사와의 관계가 이제는 이해가 간다고 말했다.

왠지는 모르지만 이 두 번의 전생퇴행 이후로 약을 먹어도 잘 듣지 않던 우울증과 자살 충동이 점차 약해지기 시작해 지금은 모든 치료를 중단하고 불편 없이 지내고 있다.

나는 이 환자를 거듭 그 생애로 퇴행시켜 더 많은 상세한 자료를 찾아보고 싶은 욕심과 호기심이 생겼지만, 이 환자는 그 괴로웠던 기억 속으로 되돌아가는 것에 대해 전혀 관심이 없었다. 최면 상태에서 눈물을 줄줄 흘리며 억울함과 비통함을 반복적으로 호소했고, 가슴이 찢어지는 듯한 탄식과 아들에 대한 미련을 피를 토하듯 토해내는 모습을 옆에서 지켜본 나로서는 도저히 강요할 수 없는 일이었다. 그는 진정으로 그 기억을 되살리고 싶어 하지 않았다. 오히려 잊으려 하고, 그것이 정말 전생에서의 자신의 모습이었을 수도 있다는 내 말을 듣기 싫어했다.

지난 연말에 EBS에서 〈역사 속으로의 여행〉이라는 프로그램을 방영했다. 그 안에는 연산군과 광해군에 대한 내용도 있었다는데, 나는 보지 못했다. 우연히 이 프로그램을 보게 된 그 환자가 내게 전화를 했다. 최면 속에서 자신이 밤에 서 있던 장소가 바로 왕비의 처소로 소개된 창덕궁 '대조전' 앞인 것 같다는 얘기였다. TV에 나온 장신구들도 똑같고, 다만 자신이 입었던 옷은 색이 좀 더 짙었다고 했다.

이 환자는 몇 개의 생애를 더 찾아냈지만 모두 평범한 것이었고, 더 이상의 전생퇴행은 원하지 않는다며 "언젠가 마음의 준비가 되면 폐비 윤씨의 생애로 돌아가보겠다."고 했다. 나는 그의 의견을 존중하기로 했다.

그런데 원종진 환자와 최면 작업 중 나는 지혜의 목소리들이 이 문제에 관해 해주는 말을 듣게 되었다. 당시 나는 마음 한구석에 연산군과 폐비 윤씨에 대한 궁금증을 접어둔 채 최면을 인도하고 있었다. 목소리들은 뭔가에 대한 가르침 끝에 갑자기 "당신이 아는 연산군은 그렇게 폭군이 아니었습니다. 사실은 아주 훌륭한 왕이었습니다. 왜곡된 정보, 왜곡된 이미지들이 그 연산 왕을 이상한 사람으로 몰아갔지만… 그가 쿠데타만 막을 수 있었다면 아주 훌륭한 왕으로 기록되었을 것입니다…." 하는 말을 했다. 원종진 환자는 내가 그런 궁금증을 가지고 있는지조차 몰랐기 때문에 나는 그가 한 말에 깜짝 놀랐고, 한편으로는 반가워 곧바로 질문을 했다. "그 환자는 정말 폐비 윤씨였습니까?" 대답은 즉시 "그렇습니다."였다. "그럼 그 남편은 연산군입니까?" 역시 대답은 "그렇습니다."였다.

처음에는 믿기 어려운 이 얘기를 발표할 생각이 없었지만, 시간이 흐를수록 그 환자가 나를 통해 그 기억들을 되살린 것은 우연이 아니라는 생각이 들었다. 그렇다면 그들 모자의 억울함을 알리고 왜곡된 이미지를 바로잡아주는 것이 나의 도리가 아닐까? 사실은 알 수 없지만, 나는 개인적으로 그들의 억울함을 믿게 되었다. 언젠가 그 환자가 그 삶으로의 전생퇴행에 다시 동의하게 된다면 새로운 사실들을 찾게 될지도 모른다는 막연한 희망을 가지고 있다.

'김금례'라는 여인

이 환자는 박 씨 성을 가진 35세 여성으로, 1900년대 초 서울 가회동에 살았고, 1920년대 초반에 장질부사(장티푸스)에 걸려 서른네 살에 죽었다고 말했다. 그때의 이름은 김금례, 친정아버지는 김홍균, 친정어머니는 이서경, 남편은 홍철, 시아버지는 홍경동, 아들은 홍성원(혹은 정원)이라고 했다. 몇 가지 가벼운 신체 증상으로 상담을 받았지만 전생퇴행은 본인의 호기심에 따라 한번 시도해보기로 했고, 다음과 같이 진행되었다.

김 : 뭐가 보이나요?

박 : …밤이에요…. 비가 오고 있어요….

김 : 비를 맞고 있나요?

박 : …아뇨, 툇마루에 앉아서 마당을 보고 있어요….

김 : 마당에는 뭐가 있나요?

박 : …별거 없어요…. 쪼끄만 화단이 있어요….

김 : 당신은 누굽니까?

박 : …열여섯 살이에요…. 시집왔는데요….

김 : 이름이 뭐죠?

박 : 금례예요….

김 : 손을 보세요. 어떻게 생겼나요?

박 : 하얗고 조그맣고 통통해요….

김 : 결혼한 지 얼마나 됐죠?

박 : 얼마 안 됐어요….

김 : 기분은 어떤가요?

박 : …그냥… 편안하고, 쓸쓸하고, 엄마가 보고 싶고… 그래요….

　　 (시종 어린 소녀 같은 애교 있는 말투임.)

김 : 그 집에는 누가 사나요?

박 : 시부모님하고 남편이요.

김 : 거기는 어딥니까?

박 : …모르겠어요…. 1900년대 초예요….

김 : 긴장을 풀고 잠시 집중하면 때와 장소를 알 수 있을 거예요….

박 : …1905년…. 가회동이요….

김 : 어떤 집인가요?

박 : 한옥이요….

김 : 신랑은 어디 있나요?

박 : 없어요….

김 : 어디 갔나요?

박 : 유학 갔어요…. 일본으로요….

김 : 신랑은 이름이 뭐죠?

박 : …홍철이요….

김 : 시부모님 성함은요?

박 : 시아버님은… 홍경동이요….

김 : 연세는요?

박 : 마흔둘이나 셋….

김 : 당신 성은 뭔가요?

박 : 김이요⋯.

김 : 김금례인가요?

박 : 네⋯.

김 : 친정은 어딥니까?

박 : 가까워요⋯.

김 : 친정아버님 성함은요?

박 : 김홍균⋯. 어머니는 이서경⋯.

김 : 아버님 연세는요?

박 : 친정아버님은 서른아홉⋯. 제가 맏이에요⋯.

김 : 동생은 몇인가요?

박 : 넷요⋯. 모두 남동생이에요⋯.

김 : 친정 식구들이 모두 같이 있었던 때로 가봅니다⋯. 편안하게 기억해보세요⋯. 어디 있습니까?

박 : (더 어린 말투로) 고추 다듬어요⋯. 엄마랑 할머니랑요. 동생들은 옆에서 놀아요⋯. 우물가의 넓은 마당인데 아줌마들도 고추 다듬어요⋯. (즐거운 듯 들뜬 목소리로) 머리에 수건 쓰고요⋯.

김 : 몇 살인가요?

박 : 열 살요⋯.

김 : 어떤 옷을 입고 있나요?

박 : 머리 땋았고요⋯. 까만 치마 입었어요⋯. 흰 저고리예요⋯.

김 : 계절은 언제쯤이죠?

박 : 고추 다듬어요…. 가을, 여름에서 가을… 그땐 거 같아요.

김 : 아버지는 어디 계시죠?

박 : 어디 가셨나 봐요…. 여기 안 계세요….

김 : 엄마는 지금도 아는 분인가요?

박 : 엄마는… 아는 분은 아닌데… 아주 좋아요….

김 : 동생들은요?

박 : …둘은 옆에서 놀구요, 하나는 방에서 잔대요….

김 : 이제 다음의 중요한 시간으로 가봅니다…. 어디 있습니까?

박 : (떨리는 목소리로) 깜깜한 데 있어요.

김 : 거기가 어디죠?

박 : (속삭이듯) 남편 면회 왔어요….

김 : 남편이 어디 있나요?

박 : 감옥에요….

김 : 당신은 몇 살이죠?

박 : 스물여덟….

김 : 왜 남편이 감옥에 갔나요?

박 : (괴로운 듯) 뭘 잘못했대요…. 나라를 해방시켜달라고 종이를 뿌렸대요….

김 : 남편을 만났나요?

박 : (괴로운 목소리로) 만나게 해달라고 사정하는데 안 된대요….

김 : 지금 마음이 어떤가요?

박 : 아… 너무 슬퍼요….

김 : 남편을 사랑했나요?

박 : (간절하게) 네….

김 : 다음 장면으로 갑니다…. 어디 있습니까?

박 : (힘 없이) 집에요….

김 : 누구와 있나요?

박 : 아들이요….

김 : 아들은 몇 살이죠?

박 : 일곱 살이요….

김 : 이름이 뭐예요?

박 : 성원이요…. (작은 소리라 '성원'인지 '정원'인지 분명치 않음.)

김 : 가족들은 어디 있나요?

박 : …아버님은 떠나셨어요…. 혼자서요….

김 : 언제요?

박 : 남편이 죽은 후예요…. (슬프고 맥없는 목소리로) 어머님은 같이 계세요….

김 : 또 다음 중요한 순간으로 갑니다…. 어디 있습니까?

박 : 방에요….

김 : 몇 살입니까?

박 : 서른넷이요….

김 : 뭘 하고 있어요?

박 : …아파요….

김 : 어디가 아픕니까?

박 : 장질부사요….

김 : 증세가 심한가요?

박 : 네….

김 : 설사를 많이 했나요?

박 : (입술을 핥으며) 목 말라요…. 아프고… 목이 말라요….

김 : 다른 식구들은 어디 있나요?

박 : (체념한 듯 가라앉은 목소리로) 없어요…. 어디 갔어요….

김 : 만약 이대로 죽음에 이른다면… 죽음의 순간으로 가보세요….
　　지금 어디 있나요?

박 : …방 위에 떠 있어요.

김 : 자기 모습이 보이나요?

박 : 네….

김 : 또 뭐가 보이나요?

박 : (담담하게) 촛대… 요강… 문갑… 그런 것들이 보여요….

김 : 그대로 시간이 흘러갑니다. 계속 보이는 것들을 얘기하세요….
　　지금은 어디 있습니까?

박 : …빛 속에요….

김 : 빛이 보이나요?

박 : …가만히 있어도 빛을 따라가요….

김 : 또 뭐가 보이나요?

박 : 점이요….

김 : 무슨 점입니까?

박 : 빛이 모여서 된 점이요…. 그리로 계속 빨려가고 있어요….

김 : 끝까지 가봅니다. 거기 뭐가 있나요?

박 : (황홀한 듯) 흰 비둘기가 보여요. 흰 알과 흰 꽃들… 비둘기 둥지도 하얘요….

김 : 거기는 어떤 곳인가요?

박 : (또렷하고 확신에 찬 목소리로) 한(恨)이 없는 곳이에요….

김 : 슬픔이 없다는 말인가요?

박 : 네….

김 : 그 생애의 의미가 뭔가요?

박 : 사랑이요…. 아쉬운 사랑이요….

김 : 당신은 어떤 사람이었나요?

박 : …꼿꼿한 사람…. 사랑을 잘 표현 못 했어요….

김 : 남편과는 얼마나 살았죠?

박 : 공부하러 갔기 때문에 1년 정도요….

김 : 아기는 언제 가졌나요?

박 : 공부하러 갔다가… 중간에 왔을 때요….

김 : 남편은 이번 삶에서도 아는 사람인가요?

박 : …얼굴이 안 보여요….

김 : 긴장을 풀고… 남편과 같이 있었던 시간으로 가봅니다…

박 : (행복한 얼굴로) 남편과 같이 방에서 얘기해요…. 남편은 얼굴이 하얗고 눈이 작고, 귀엽고 착하게 생겼어요….

김; 무슨 얘기를 하나요?

박 : (환하게 웃는 표정으로) 내가 아버님과 어머님께 잘해드려서 고맙대요….

김 : 장질부사는 많은 사람이 걸렸나요?

박 : (어두운 얼굴로) 아는 사람들도 많이 죽었어요…. 그래서 다 도망갔어요….

김 : 아들은 어디로 갔어요?

박 : 할머니가 데리고 갔어요….

김 : 당신은 아파서 혼자 남았나요?

박 : 네, 혼자예요….

김 : 다들 떠날 때 마음이 아프지 않았나요?

박 : (힘 있는 목소리로) 아뇨…. 다른 사람들이 이 병에 걸리면 안 된다고 생각했어요…. 안 간다는 걸 내가 막 가라고 했어요…. (울먹이며) 아이를 잘 키워야 하니까요…. 어머니가 잘 키우실 거예요.

김 : 어머니와 아들이 어디로 갔는지 아세요?

박 : 충청도 홍성이요…. 어머님의 친정댁이에요….

김 : 거기서 아이가 잘 자라는지 알 수 있습니까?

박 : …몰라요…. 하지만 똑똑한 아이예요….

혼자 남아 방 안에서 죽어가면서도 자식 얘기를 할 때는 목소리에 힘이 들어갔고, 다른 식구들에게 병이 옮으면 안 된다고 오히려 걱정을 했다. 전생퇴행의 마지막 부분을 진행할 때 나는 그 목마름의 호소에 가슴이 아팠고, 한 서린 체념과 아쉬움의 탄식에 숨죽이고 같이 울었다. 단순한 환상과 상상은 이런 강렬한 정서의 에너지를 동반하지 못한다. 이 환자는 지금까지 신경을 쓰거나 많이 피로해지면 원인을 알 수 없는 설사를 자주 한다고 했다. 내과 검사에서는 아무것도 나타나지 않았지만 복통과 설사로 자주 괴로움을 겪고 있었다.

1920년대 초기의 우리나라 전염병 발생 기록을 찾아보면 장티푸스와 콜레라로 많은 사람이 희생되었다는 사실을 확인할 수 있다. 특히 1922년에는 평양 시내에서만도 40일 사이에 1000명 이상의 장티푸스 환자가 발생했다는 기록이 있다. 서울의 기록은 확인해보지 못했지만 당시의 신문을 찾아보면 알 수 있을 것이다. 김금례가 죽은 해는 1922년이나 1923년으로 추정되는데, 항생제가 없던 그 시절에는 치사율이 무척 높은 무서운 병이었다.

책이 출간된 후 이 환자의 이야기에 대해 그 사실 여부를 추적해볼 기회가 있었다. 1996년 여름, 다큐멘터리 전문 케이블 TV인 Q채널에서는 내 환자 한 사람의 전생 기억을 추적해보는 〈잃어버린 전생을 찾아서〉라는 프로그램을 제작했다. 그 환자는 1900년대 초에 서울 가회동에서 살았고 1920년대 초반에 장질부사(장티푸스)로 죽었다고 했다. 당시의 이름은 김금례, 친정아버지는 김홍균, 어머니는 이서경, 남편은 홍철, 시아버지는 홍경동, 아들은 홍성원(혹은 정원)이라고 했다. 이 프로그램을 맡았던 이윤정 작가와 강신웅 PD는 많은 시간을 투자하며 의욕적이고 진지하게 접근해갔지만 처음부터 벽에 부딪혀야 했다. 생존 가능성이 있는 아들의 이름을 들고 가회동사무소(현재의 가회동주민센터)를 찾아갔지만 주민등록 자료는 겨우 1950년대 후반부터 제대로 갖춰져 있었다. 아들의 호적지로 생각되는 종로구청에서도 도움을 받을 수 없었다. 그 아들이 죽었거나 종로구청 관할 내에서 살지 않았다면 호적에도 기록이 없다는 것이었다.

할 수 없이 취재팀은 평생을 가회동에서 살았던 노인들을 수소문하여 60년을 그곳에서 살았다는 97세의 홍순안 노인을 만날 수 있었다. 고령으로 기억력이 무척 쇠퇴해 보이는 그는 김금례 씨 가족에 대한 기억을 갖고 있지는 못했지만, 당시에 장티푸스로 사람들이 많이 죽었다는 사실은 분명히 기억하고 있었다. 김금례 씨가 죽었다는 해는 1922년이나 1923년으로 추정되는데, 일제강점기에 작성된 당시의 전염병 발생 통계와 신문기사, 경찰 기록은 1920년대 초기에 전국적으로 많은 사람이 장티푸스와 콜레라로 희생되었음을 보여준다. 1922년에는 평양 시내에서만도 40일 동안 1000명 이상의 장티푸스 환자가 발생했었다. 취재팀은 종로경찰서의 기록에서 관내에도 희생자들이 있었음을 확인할 수 있었다. 증거는 부족했지만 모든 정황으로 미루어볼 때 김금례라는 사람이 가회동에서 실제로 장티푸스에 걸려 사망했을 가능성은 상당히 높았다. 치료 당시 겪고 있던 신경과민성 설사와 복통도 그때의 기억과 관계있을 가능성이 높았지만 결정적인 증거가 없었다.

며칠 후 강신웅 PD가 흥분한 목소리로 내게 전화를 했다. 가족이 없는 홍성원이라는 노인을 지방의 요양소에서 찾아냈는데, 김금례 씨의 아들과 나이가 비슷하고 어릴 때 서울에서 살았다고 한다는 것이었다.

일단 자기가 내려가 그를 만나보겠다고 하며 전화를 끊었는데, 다음 날 풀죽은 목소리로 다시 전화를 했다. 그 노인이 약하게 치매 증상이 있어 자꾸 말을 번복해서 신뢰성이 낮으니 만나봐야 별 도움이 안 되겠다는 것과, 마감 날짜가 너무 임박해 거기까지 다녀오는 것이 아무래도 무리라는 얘기였다. 조금 실망스러웠지만 어쩔 수 없는 일이었다.

이와 비슷한 경우는 앞으로도 가끔 만나게 될 것으로 생각되며, 더 확실하고 흥미로운 증거를 찾을 수 있는 사례도 분명 있을 것이다.

제2부

남은 이야기들

'지혜의 목소리들'에
대하여

여러분은 지금까지 원종진이라는 젊은이의 열 번에 걸친 전생퇴행 기록 테이프를 들은 셈이다. 사람마다 느낌과 반응, 해석이 제각각이 겠지만 나 역시 아직 혼란스러운 마음을 완전히 떨쳐버리지 못하고 있다. 순수하게 치료를 목적으로 전생퇴행을 시도하는 것이 내 의도였고, 그 과정에서 유독 이 청년은 '지혜의 목소리들'을 많이 듣게 되었다.

여러분이 읽은 것처럼, 처음 몇 번을 제외하고는 전생으로의 퇴행보다는 가르침과 예언의 메시지를 주로 받고 있다. 이 목소리들은 한결같이 사랑과 희생, 인내와 겸손의 미덕을 강조하고, 사람들에게 알려지지 않은 여러 가지 중요한 비밀들과 미래에 일어날 일들을 얘기해주고 있다. 다가오는 시대에 모두가 준비하도록 이 사실들을 알리라는 당부와 함께.

여러분 중에는 이 기록 자체를 의심하는 사람도 있을 것이다. 원종진 환자와 내가 공모하여 가공의 스토리를 만들어냈다면 우리는 굉장한 사람들일 것이다. 목소리들이 전하는 깊은 가르침들은 내 수준이나 이 환자의 수준을 훨씬 뛰어넘는 것들이기 때문에, 의심의 눈길로 그 가르침의 내용을 본다 해도 그것이 예사로운 조작으로 만들어질 수 없음을 누구나 알 것이다. 일관된 사랑과 희생의 메시지를 전하기 위해 사기극을 벌인다는 것은 상식적으로 설득력이 없다. 중요한 예언들이 주어지는 이유는, 그 예언들이 지혜의 목소리들이 전하는 메시지에 진실성과 권위를 더하고 더 많은 사람이 관심을 갖고 귀 기울여 깨달음에 이르게 하려는 데 목적이 있는 듯하다.

거듭 말하지만, 나는 이 목소리들이 어디에서 오는 것인지 모른다. 《나는 환생을 믿지 않았다(Many Lives, Many Masters)》의 저자인 미국 정신과 의사 브라이언 와이스(Brian Weiss)는 캐서린이라는 여성 환자의 전생퇴행 과정에서 이와 비슷한 목소리들을 만나 가르침과 메시지를 받았고, 이 존재들을 가리켜 영적인 수준에서 고도로 진보한 스승과 같은 영혼이란 의미로 '마스터 스피리트(Master Spirit)', 줄여서 '마스터'라고 불렀다. 이 의견에 나도 동의하지만 그 존재의 본질이 증명된 것은 아니기 때문에 단순히 '목소리들' 혹은 '지혜의 목소리들'이라고 부르는 것이다. 종교인들은 그 존재들이 악령이나 잡다한 조무래기 귀신이라고 생각할지도 모르겠고, 정신과 의사들은 환청이거나 과대망상증 환자의 독백이라고 몰아붙일 수도 있다.

그러나 그 목소리들이 제시하는 사랑과 희생, 인내와 고통, 생명과 영혼에 대한 사랑과 성장, 악한 세력의 구별 방법과 경고, 여러 예언과 비밀에 대한 초능력적인 해답, 고통받는 인류에 대한 슬픔, 예수와 부처, 하느님에 대한 잦은 언급을 볼 때 그것은 비논리적인 결론이다. 나는 이들이 '우리를 도우려는 초월적이고 영적인 존재'라고 생각한다. 그들은 자신을 가리켜 '기독교의 성령'이며 '불교의 불심'이라고 했다. 그들은 원종진이나 캐서린의 지적 능력을 넘어서는 통찰력과 예언을 통해 이 두 사람의 잠재의식의 작용이 아님을 분명히 보여주었다. 그들의 가르침과 메시지의 내용은 참된 선(善)과 진리에 가까워 보이므로 나는 그들이 선한 의도를 가진 존재일 것으로 생각하고 있다. 악한 의도를 가진 존재에서 선한 가르침이 나온다는 것은 일단 비논리적이기 때문이다.

지금 우리 주위는 혼란스럽다. 기존 종교와 질서는 힘과 권위를 잃어가고, 풍요로워 보이는 사회 속에 물질문명의 온갖 해악들이 독버섯처럼 자라나 갖가지 범죄자와 패륜아, 부도덕한 정치인들이 들끓어 우리 사회의 미래는 무척 걱정스럽다. 이런 시점이야말로 진정한 희망이 필요할 때가 아닐까? 처음 몇 번의 전생퇴행을 마칠 때까지도 나는 이 내용을 책으로 쓰게 되리라는 생각을 전혀 하지 않았다. 그러나 거듭되는 과정에서 주어지는 희망의 메시지들이 나 혼자 들으라고 전해지는 것이 아님을 확신할 수 있었다.

이 책에 소개되지 않은 또 다른 작업에서 목소리들은 중세의 마녀사냥에 대해 이야기했다. "마녀란 존재하지도 않았지만 그 시대의 지배계층은 자기들의 권위에 대해 자신이 없어 마녀사냥이라는 방법으로 새로운 사상들을 탄압했다."는 것이다. 그 설명 끝에 나에게 "당신도 마녀사냥의 표적이 될 수 있다. 그러나 당신은 그것을 견뎌내야 한다.

참된 진리는 언제나 매도당한다. 매도당하지 않는 진리는 타협으로 흐를 뿐이다. 당신은 진리를 수호할 용기가 있는 사람이다."라는 말을 해주었다. 지금의 내 마음은 담담할 뿐이다. 흥분도 두려움도 없고, 얻을 것도 잃을 것도 없다는 생각이다.

'원종진'이라는 청년

전생퇴행의 과정을 거듭하면서, 나는 이 청년에 대해 처음에는 알지 못했던 여러 사실을 알게 되었다. 그는 나이에 비해 훨씬 무게가 있고 사려 깊으며, 안정감 있는 태도와 침착한 성격, 뛰어난 직관력을 갖추고 있었다. 늘 자신의 생각과 행동을 반성하고, 몸에 밴 겸손한 태도로 상대에게 부드러운 인상을 주었다. 아버지가 일찍 돌아가셔서 어릴 때부터 실제 가장과 같은 마음가짐을 가져야 했던 것도 그런 성격의 바탕이 되었을 것이다.

그가 기억해낸 전생 중에는 수행자로서의 삶이 여러 번 있다. 그런 수행 생활도 지금의 성격에 큰 흔적을 남긴 듯하다. 대학을 졸업한 후 직장을 몇 군데 옮기면서 이런저런 고생과 좌절을 겪었고, 심한 자기 불신과 우울에 빠져 방황하던 끝에 기독교인으로 생활하면서 안정을 찾아보려고도 했지만 뭔가 채워지지 않는 부분이 있어 삶의 궁극적인 문제들에 대한 답을 이리저리 찾다가 윤회와 환생의 개념을 받아들이게 되었고, 나를 만나게 된 것이다.

앞으로 그의 계획은 신학대학원에 진학하여 목사가 되는 것이다. 목소리들은 장래에 그가 할 일이 있으니 보호되어야 한다고 말한다. 나와 같이 살았던 전생의 기억들을 떠올린 후 우리는 개인적으로도 가까워졌다. 그의 진지한 생활태도를 볼 때, 앞으로 얼마간의 준비 기간을 거치면 훌륭한 정신적 힘을 가지게 될 것이라는 생각이 든다.

전생퇴행 치료를 시작하기 전에 그에게는 몇 가지 성격상의 단점과 나쁜 버릇들이 있었다. 평소에는 순하다가도 부당한 것을 보면 과격하게 화를 내는 것, 같은 또래의 친구들을 은근히 무시하는 독선적 태도, 뭔가 불만스러울 때는 음식을 계속 먹어대는 폭식 습관이 그것이다. 또 직장 생활에 따른 자신의 장래와 현재 위치에 대한 불안처럼 모든 직장인에게서 볼 수 있는 갈등도 있었다. 자신이나 주위 사람들에게도 완벽할 것을 요구했고, 그런 기준이 채워지지 못하면 우울해하고 속으로 화를 내며 괴로워했다.

그러나 퇴행 치료가 계속되면서 그는 눈에 띄는 생활의 변화를 체험하고 있다. 우선, 어떤 상황에서도 과격한 분노를 느끼지 않게 되었고, 진정으로 주위 사람들을 존중하고 받아들이는 너그러운 태도를 지니게 되었다. 폭식 습관도 완전히 사라져, 적당한 포만감에서 수저를 놓으면 더 이상의 유혹이 없다. 완벽함을 추구하던 버릇도 '언젠가는 되겠지.' 하는 느긋한 태도로 변해 여유 있게 자신과 주위를 바라보고 있다. 영혼과 윤회에 대한 믿음 자체가 생활 속에 스며들 때 누구나 이런 변화를 보이긴 하지만, 특히 그는 자기 믿음의 확인으로 정신적 방황이라는 큰 숙제 하나를 해결한 것으로 보인다. 이제는 방황이 끝나고 나아갈 방향을 확실히 찾은 사람처럼 안정되어 보이고, 그 길에 대해 철저한 성실함으로 일관하려는 의지가 보인다.

내가 겪는 변화

여러 환자들에게 전생퇴행 치료를 하면서 내게도 큰 변화가 생기기 시작했다. 머릿속으로는 전부터 윤회와 카르마, 환생의 개념을 받아들이고 있었지만, 그것은 이론적인 개념들에 불과했다. 특히 원종진 환자의 퇴행과 지혜의 목소리들과의 거듭된 만남은 나를 더 깊이 변화시키고 있다.

나는 나 자신을 꽤 똑똑하고 유능한 정신과 의사라고 생각해 왔다. 논리적이고 중립적인 정신분석 이론과 다양한 정신치료 원칙, 약물치료 이론에 충실하게 환자들을 봐 왔고 대부분의 환자들에게 큰 도움을 주고 있다고 생각해 왔다. 그러나 흡족하지 못한 부분도 많이 있었다. 어떤 이론으로도 설명할 수 없는 환자들과, 꾸준한 치료로도 일시적인 효과밖에 거둘 수 없는 환자들은, 언제나 정신의학의 한계와 내 능력의 부족함을 동시에 느끼게 했다. 병이 낫지 않는 이유는 여러 가지이고 환자의 성격이나 환경이 문제가 되지만, 뚜렷한 이유 없이 지속되는 갖가지 증상들은 언제나 치료자를 맥빠지게 만든다.

전생퇴행요법은 이런 난치의 환자들에게 접근하는 새로운 방법이다. 모두가 이 요법으로 도움을 받으리라고는 생각할 수 없지만, 길이 막힌 곳에서는 발상의 전환과 도약이 필요하다고 늘 생각해 온 내게 이 방법은 설득력이 충분해 보였다. 현대의학은 '육체 기능의 상실'을 우리 생명의 끝으로 보고 있다. '죽음'이라는 낱말이 뜻하는 것이 '생명의 끝'이라면, 우리는 '육체의 상실'이 생명의 끝이 아님을 알기에 '죽음'이라는 말 대신 새로운 단어를 찾을 필요가 생긴다. 그런 점에서 우리 조상들이 써 왔던 '돌아가셨다.'라는 말은 정말 적절한 표현이다. 삶과 죽음의 이해에 있어 고대인들은 확실히 우리보다 앞서 있었기에, 육체의 상실 후에 우리 영혼은 원래 왔던 곳으로 '돌아간다.'고 했던 것이다.

거듭되는 환자들의 전생 기억과 그에 따른 생생한 감정, 사망 순간들의 체험과 영적인 깨달음을 보면서 나는 가슴으로부터 윤회와 환생의 진실성과 목적성을 받아들이게 되었고 나 자신의 많은 문제점을 해결할 실마리를 찾았다. 환자들과의 복잡한 상담 과정에서도 나는 예전보다 더 가깝고 친밀한 감정으로 그들을 대하고 있고, 마음속에서 일어나는 신경질과 짜증이 많이 줄어든 것을 느끼고 있다. 환자들의 영혼의 공명에 나를 맞추면 더 깊은 내면으로부터 서로를 이해할 수 있고 의사 전달과 치료 효과가 증대되는 것을 요즘 들어 거듭 확인하고 있다. 진료실 창밖을 내려다보면 거리를 지나는 한 사람 한 사람의 모습 속에서 '내가 경험했고, 앞으로 경험할지도 모르는 수많은 삶 속에서 저것이 내 모습일 수도 있다.'는 생각이 들고 모두가 친근하게 느껴진다.

내가 전생으로 퇴행시켰던 모든 환자가, 현재의 가족 중 누군가를 과거의 삶에서 만난 기억들을 찾아냈다. 역할과 위치는 바뀌지만 생애를 거듭하면서 지속되는 관계는 우리가 상상하는 것보다 훨씬 깊다. 지금 가까운 친지나 친구 역시 처음 만나는 관계가 아니다. 환자 중의 한 사람은 수백 년 전의 삶에서 나를 만났다고 했다. 그는 그 삶에서 자신의 위치와 억울한 죽음을 보았고 나를 보았다. 나 또한 그 생애에서 많은 누명을 쓰고 억울하게 죽음을 맞았다고 했다. 그 내용에 대해 원종진 환자와의 퇴행 과정 중 목소리들에게 물은 적이 있다. 그들은 그 이야기가 사실이라고 했고, 그 삶에서의 내 모습에 대해서도 이야기해주었다.

현대 정신의학이 안고 있는 가장 큰 한계는, 인간을 유물론적이고 생물학적인 존재로만 인식하는 것이다. 인간이 영적 존재라는 사실을 인정하지 않는 한 더 이상의 도약적인 발전은 없을 것이다. 지금의 정신의학도 인간에 대한 깊은 연구와 이해의 바탕 위에 서 있고 많은 질병을 다스려가고 있다. 그러나 완전한 것을 추구하는 정신과 의사라면 누구나 내가 느끼는 것과 같은 답답함을 가질 것이다. 우리 삶의 중요한 요소인 종교와 무속, 신비 체험 등 환자들의 주관적 경험에 귀를 막아서는 안 되는데, 애써 이런 주제들을 무시하고 기존의 심리학적 이론과 가설로만 모든 것을 설명하려는 태도를 가지고 있지는 않은지 정신과 의사들은 자신을 돌아볼 필요가 있다. 정신과 의사들이 종교 문제에 무지하고 영적인 현상들에 대해 아는 것이 없다면 잘못된 믿음이나 신앙 체계를 비판할 능력도 없는 것이다. 그런 무능력을 마치 중립적이고 신중한 태도라고 착각해선 안 된다. 궁극적으로 정신의학은 인간 존재의 본질인 영혼을 다루어야 한다. 죽음 너머의 세계를 알리고, 사랑하는 사람과의 사별로 고통받는 이들에게 우리는 누구도 죽지 않으며 언젠가 다시 만난다는 사실을 배우고 가르쳐야 한다.

윤회론을 받아들이지 않는 사람 중에는 윤회론이 모든 인간의 문제들에 대해 너무나 쉽고 포괄적인 해답을 주기 때문에 의심스럽다고 말하는 이들이 있다. 그들의 생각 속에는 '진리란 복잡하고 난해한 것'이라는 선입견이 있는 듯하다. 단순한 논리로 많은 것을 설명할 수 있다면 오히려 바람직하고 뛰어난 이론이 아닐까? 오히려 이론이 불완전하면 그것을 보충하기 위해 많은 단어와 이상한 개념들이 동원되는 것이다. 윤회론을 믿는다고 현실의 고통과 고난이 줄어드는 것은 아니다. 사람이 죽지 않는다는 사실을 알았다고 해서 가까운 사람들의 죽음이 아무렇지도 않거나 현재의 어려운 상황들이 즐거워지지는 않는다. 중요한 것은 그 고통과 상실의 의미를 이해함으로써 마음속의 슬픔과 고통에 대한 억울함이 진정한 수용과 희망으로 변할 수 있다는 것이다. 그렇게 되면 자신의 말과 행동에 더 많은 책임을 지고 노력하는 삶을 사는 사람들이 많아지고, 될 대로 되라는 식의 자포자기적 삶들이 올바른 방향성을 회복하게 될 것이다.

정신과 의사가 된 이유

나는 어릴 때부터 삶의 근원적인 문제에 관심이 많았다. 중학생 때부터 친구를 따라 교회에도 가보고 혼자 이 책 저 책을 찾아 읽었지만 만족스러운 대답은 어디에도 없었다. 내 눈에는 깊은 신앙심으로 모든 것을 신에게 맡기는 사람들이, 자신의 운명을 무조건 신에게 기대려는 비겁자들로 보였다. 윤회론은 일고의 가치도 없는 미신 중의 미신이라고 생각했다. 계속 바뀌는 몸을 가진다면 진정한 자기 자신은 없는 게 아니냐는 단순한 머리밖에 없었기 때문이다. 따라서 윤회를 가르치는 불교 역시 미신의 일종으로 보였다. 기독교에서 말하는 하나님의 사랑이라는 것도 따지고 보면 완전한 폭력이라는 느낌이 들었다. 하나님의 말씀을 안 들으면 지옥에 쑤셔박아 영원히 뜨거운 맛을 보게 한다는 것은 거리의 깡패가 하는 협박과 다를 것이 없다고 생각해 교회의 가르침도 받아들일 수 없었다. 그보다는 뭔가 더 그럴듯한 설명이 있지 않을까 하는 것이 그때의 내 막연한 기대였다.

중학교 2학년 때 나는 늘 뒤지고 다니던 청계천의 헌책방에서 프로이트의 《꿈의 해석》을 만났다. 한자 투성이의 어려운 말들이 가득한 그 책은 뭔가 신비로운 이야기를 간직한 듯했다. 당장 그 책을 사서 읽기 시작한 나는 완전히 빠져들고 말았다. 그 내용이 맞는지 틀리는지 판단할 수는 없었지만, 어려운 말들로 뭔가를 열심히 설명하려고 하는 것 자체가 대단히 지적이고 논리적이라는 강한 인상을 어린 내게 심어준 것이다. 그 어려운 책을 끝까지 읽었다는 사실만으로 나는 지적인 만족감에 빠져 있었다.

복잡하고 어려운 논리의 책에 맛들인 나는 고등학교와 대학교 시절에 대표적인 철학자들과 신학자들의 여러 사상들을 본격적으로 뒤지기 시작했다. 그러나 어디에도 내가 납득할 만한 절대 진리는 없었다. 모든 주장이 지엽적이고 부분적이었고 얼마든지 반박할 수 있는 것이었다. 순수한 지적 호기심에 불타는 젊은이들은 한때 평생을 수도(修道) 생활에 바치는 문제를 놓고 고민하는 일이 많다고 한다. 그러나 나는 그런 생각을 해본 일이 없다. 내게는 편안하게 살면서 진리를 찾고 싶다는 모순적인 태도가 있었다. 프로이트에 대한 강한 인상으로 언젠가 나도 정신과 의사가 되고 싶다는 막연한 생각은 하고 있었다. 정신과 의사가 되면 내가 원하는 진리를 찾을 수 있을 것 같았기 때문이다.

의과대학을 졸업할 무렵 나는 정신의학에 대해 실망했다. 병원 실습 중 내 눈에 비친 정신과 병동 입원 환자들의 무기력하고 정체된 분위기가 너무 부담스러웠기 때문이다. 인턴을 마치고 수련 과목을 최종적으로 결정할 때, 정신과에 대한 강력한 끌림을 애써 부정하고 다른 과에 지원하려고도 했었다. 그러나 내 길은 이미 정해져 있었다. 당시 정신과 레지던트였던 한 선배에게 내 진로를 상의했더니 '공부를 많이 하고 싶으면 내과를 하고, 공부를 훨씬 더 많이 하고 싶으면 정신과를 하라.'고 했다. 이 말은 망설이던 내 마음을 완전히 굳혀주었다. 선배의 그 한마디는, 내게 숙제와도 같았던 삶의 궁극적 질문들을 피하지 않고 해결하기 위해 정신과 의사가 되기로 마음먹게 해주었다.

'최면'과의 만남

내가 최면에 대해 처음 알게 된 것도 중학교 2학년 때였다. 그 시절 나의 가장 큰 즐거움은 용돈을 주머니에 넣고 청계천 헌책방 거리를 하루종일 뒤지는 것이었다. 내게 정신과 의사가 되고 싶다는 희망을 가지게 한 《꿈의 해석》도 비슷한 시기에 이곳의 서점에서 샀으니, 청계천의 헌책방 거리는 미래의 내가 정신과 의사가 되고, 특별히 최면 치료에 몰입할 수 있도록 기초를 깔아준 고마운 두 권의 책을 선물한 곳이다.

두세 정류장은 족히 될 만한 길이로 헌책방들이 가득했던 그 자리에 지금은 체육 용구와 잡다한 가게들이 들어섰지만, 그때만 해도 책이 필요한 사람들은 모두 모여드는 곳이 청계천이었다. 그곳을 뒤지다가 '자기최면'에 대한 책을 사 가지고 돌아온 나는 그 책을 읽으면서 스스로를 대상으로 여러 가지 실험을 해보았고, 그 결과에 대해 놀라움과 함께 큰 흥미를 느꼈다. 동생을 상대로 타인최면 연습도 했고, 벌레를 잡아놓고 내 염력과 집중력으로 기어가는 방향을 바꾸는 실험들도 했었다. 제대로 된 최면 공부와 이용은 정신과 환자들을 보면서부터 시작되었다. 평소 진료에서도 필요하다고 생각되면 최면 암시의 원칙들을 이용하고, 긴장과 불안을 덜 수 있도록 직접적인 자기최면과 이완법 등을 가르쳐 왔다. 지금은 여러 가지 새 테크닉들을 치료에 사용하고 있다.

최면 이론은 간단하지만 능숙하게 사용하기 위해서는 상당한 경험과 시행착오가 따른다. 여기서는 최면에 대한 깊은 지식을 다룰 공간이 없어 아주 간단히 살펴보기로 한다.

최면은 우리 속에 숨어 있는 내적 에너지와 능력을 끄집어내 쓸 수 있는 훌륭한 방법이다. 최면 상태는 우리가 일상생활에서 늘 경험하는 것으로, 좋아하는 일을 하면서 시간이 가는 것을 잊거나 뭔가에 몰두하여 주위를 잊어버린 상태를 말한다. 너무나 자연스럽게 일상생활에서 경험하는 정상적 의식 상태이기 때문에 '나는 절대 최면 상태에 안 들어가겠다.'고 저항하는 사람을 제외한 모든 사람이 최면에 걸린다. 최면이 주는 이점들은 열거하기 어려울 정도로 많지만, 긴장의 완화와 이완의 심화, 집중력 강화, 학습 능력 향상, 기억력 증진, 자신감 향상을 비롯해 공포증과 불안 등 여러 정신 증상의 완화와 치료에 큰 도움이 된다. 모든 최면은 사실상 자기최면이며, 시술자는 그 과정을 목적에 맞게 안내하고 이끌어줄 뿐이다.

전생퇴행요법의
역사와 현황

1960년 이전에는 전생의 기억에 대한 보고가 거의 없었고, 있었다 하더라도 주목을 받지 못했다. 그중 가장 유명했던 것은 《브라이디 머피를 찾아서(The search for Bridey Murphy)》에 소개된 이야기다. 미국 콜로라도의 최면술사 모리 번스타인(Morey Bernstein)이 1952년에서 1953년에 걸쳐 버지니아 번스 타이(Virginia Burns Tighe) 부인을 전생의 기억 속으로 퇴행시켜 그녀의 전생이 1800년대 아일랜드의 벨파스트에 살았던 '브리이디 머피'였다는 사실을 밝혀냈다는 이야기다. 처음에는 번스타인 자신도 전생의 기억이라는 점에 대해 의심했지만, 횟수를 거듭하면서 확신하게 되었다. 타이 부인은 벨파스트에서의 생활과 여러 세부적인 상황들을 자세히 기억했는데, 당시에는 반박도 많이 받았지만 나중에는 기록된 사실들이 틀리고 오히려 그녀의 기억이 정확한 사실이라는 것이 여러 부분에서 확인되었다.

이안 스티븐슨(Ian Stevenson) 박사는 전생 연구로 유명한 미국의 정신과 의사로《전생을 기억하는 아이들(Twenty Cases Suggestive of Reincarnation)》을 통해 국내에도 소개된 사람이다. 그의 연구는 엄격한 사실 확인에 기초를 두어 세계적인 환생 연구의 권위자로 인정받고 있다. 이외에도 기록상으로나 고증을 통해 확인된 환생 사례들은 무척 많다. 전생의 기억을 이용하여 현재의 문제들을 치료하는 전생요법의 기초는 프로이트의 이론인 '현재의 행동은 과거의 경험에 의해 형성된다.'를 전제한다. 영국의 정신과 의사인 데니스 켈시(Denys Kelsey)는 인간이 죽은 후에도 모든 기억을 간직하는 부분이 살아남는다는 가설을 주장했고, 1967년에는 전생의 기억을 가진 조앤 그랜트(Joan Grant)와 함께《많은 생애들(Many Lives)》을 발표했다. 이 책은 의학 전문가가 쓴 최초의 전생요법 관련 저술이다.

1970년대에는 전생의 기억을 되살리기 위한 많은 시도가 있었다. 이들은 모두 치료를 통한 증상의 소실을 목표로 삼았고, 전생의 경험에 묶인 부정적 감정을 해소시킴으로써 치료가 이루어진다고 이해했다. 1978년에 발표된 네 권의 책은 전생요법의 역사에서 무척 중요한 것들이다. 헬렌 왐바크(Helen Wambach)의《전생을 다시 살다(Reliving Past Lives)》, 에디스 피오레의《당신은 여기 온 적이 있다(You have been here before)》, 모리스 네더튼(Morris Netherton)의《전생 치료(Past Life Therapy)》, 토왈드 데스레프슨(Thorwald Dethlefsen)의《다른 생애의 목소리(Voices from Other Lives)》가 그 책들이다. 증상의 소실에 초점이 모아졌던 1970년대와는 달리 1980년대에 들어와서는 인간 영혼의 순례와 생명의 의미로 관심의 방향이 옮겨졌고, 이때부터 현대 물리학과 생물학의 새로운 이론에 따라 '의식(Consciousness)' 자체가 궁극적인 존재라고 보는 견해를 받아들인 의학자들이 등장하게 되었다. 1980년대 말에 이르러서는 인체를 하나의 '에너지 장(場)'으로 인식하고 치유의 개념을 '에너지의 변형'으로 설명하는 시도들이 등장하게 되었다. 래리 도시(Larry Dossey)의 《영혼을 되찾음(Recovery of the Soul)》, 버니 시겔(Bernie Siegel)의 《사랑, 의학, 그리고 기적(Love, Medicine, and Miracles)》, 디팍 초프라(Deepak Chopra)의 《양자 치유(Quantum Healing)》 등이 이런 움직임에 영향을 준 책들이다.

비슷한 시기에 출간된 전생요법에 관한 정신과 의사들의 중요한 저술로는 조엘 휘튼(Joel Whitton)의 《삶 사이의 삶(Life between Life)》, 브라이언 와이스(Brian Weiss)의 《나는 환생을 믿지 않았다(Many Lives, Many Masters)》, 레이먼드 무디(Raymond Moody)의 《커밍 백(Coming Back)》, 로저 울거(Roger Woolger)의 《다른 생애, 다른 자신(Other Lives, Other Selves)》, 가렛 오펜하이머(Garret Oppenheimer)의 《당신은 예전에 누구였나(Who were you before)》 등이 있다. 특히 조엘 휘튼의 《삶 사이의 삶》은 인간이 죽은 후 다시 태어나기 이전의 사후세계에서의 기억들을 많이 다루고 있다.

현재 미국에는 전생에 대한 탐구와 전생퇴행요법을 연구하는 단체로 '전생 조사와 치료 협회(Association for Past Life Research and Therapy)'가 있다. 1980년에 발족된 이 단체에는 정신건강을 담당하는 의료인들이 많이 가입되어 있으며 전생 치료에 관한 세미나와 퇴행 치료, 사례 연구와 치료 성과에 대한 연구를 하고 있다. 이 단체는 1986년부터 1년에 두 번씩 《퇴행 치료 저널(Journal of Regression Therapy)》을 발간하고 있다.

미국임상최면학회(American Society of Clinical Hypnosis)는 미국의 여러 분야 의사들과 심리학자들이 주축이 되어 최면을 이용한 다양한 치료를 연구하고 교육하는, 세계에서 가장 규모가 큰 학술 단체이다. 나는 1996년 3월 23일부터 27일까지 미국 올랜도에서 열린 제38차 연례 학술대회에 참가하여 만나는 사람마다 붙잡고 전생퇴행 치료에 대한 의견과 경험 여부를 물었다. 캐나다에서 온 정신과 의사 건슨(Gunson), 플로리다의 아담스(Adams), 뉴저지의 디르(Dhir), 푸에르토리코의 이가르투아(Igartua), 메이요클리닉의 내과 의사 스콧(Scott) 박사 등은 내 환자들의 사례를 듣고 큰 관심을 보였고, 자신들의 주위에서 전생퇴행 경험이 있는 사람들에 대한 얘기를 해주었다. 또한 정신과 의사이며 미국임상최면학회의 회장 및 전 회장도 새로운 정보에 대한 협조를 약속했다. 특히 외과의사이며 전 회장이었던 유인(Ewin) 박사는 자기 환자들 중 전생의 기억을 되살린 후 회복된 난치병 환자 두 사람의 이야기를 들려주며 "동양권에서는 특히 이 치료법이 더 큰 효과를 발휘할 수도 있을 것이라고 생각한다. 나는 기독교인으로서 하나님의 존재를 믿고 사후의 생명을 믿는다. 그러나 그것은 과학적으로 증명된 일은 아니다. 마찬가지로 전생이 있다는 것도 증명은 안 되었지만 믿을 수 있는 것 아닌가? 나는 특별히 이 분야를 연구하고 있지는 않지만 전생의 기억을 되살린 후 회복되는 환자들에 대해서는 계속 관찰하면서 지켜보겠다."고 말했다. 그리고 내게 계속 연구해볼 것을 권했다.

이외에도 많은 사람과 의견을 나누었고, 그 결론은 무척 고무적이었다. '치료에 도움이 된다면 안 쓸 이유가 없다.'는 미국식 실용정신을 확인한 셈이었다.

믿을 수 있는
치료자의 선택

　전생요법은 만병통치의 마술적 치료법이 아니다. 치료자가 환자의 필요에 따라 신중하게 선택하여 사용해야 한다. 아무에게나 이 요법을 권하거나 강요해서는 안 되며, 치료자 자신의 호기심이나 지적 만족을 위해 시행해서도 안 된다. 다른 전통적 정신치료나 약물로 잘 치료되는 환자들은 전생요법을 받을 필요가 없다. 그러나 여러 가지 방법으로 치료를 계속해도 별 도움을 받지 못한 환자들은 전생요법을 생각해 볼 필요가 있다. 치료자는 올바른 정신치료의 이론과 기법들을 잘 알고 있어야 하며, 최면 시술의 풍부한 임상경험이 있어야 한다. 최면은 중요한 의료 기술의 하나이기 때문에 미국임상최면학회는 치료자로서의 자격증을 가지고 실제 환자를 돌보는 전문 의료인에게만 정회원의 자격을 주고 있다. 최면 치료를 제대로 하기 위해서는 전문성과 엄격한 윤리관이 있어야 하기 때문이다. 환자의 정신 증상들이 신체적 원인으로 발생하는 경우도 있기 때문에 내과적 지식과 진단 능력도 갖추어야 하고, 종교적 문제나 초심리학의 분야에 대해서도 잘 알고 있어야 한다. 치료 과정에서 만날 수 있는 비상식적이거나 초자연적 현상에 대해서 두려워 피하거나 불편해하지 않아야 한다. 필요한 경우, 다른 여러 치료 기법들을 병행할 수 있는 융통성도 있어야 한다.

그러나 무엇보다 환자에 대한 순수한 염려와 사랑이 가장 중요할 것이다. 어떤 치료법도 무성의하거나 비윤리적인 치료자의 손에서는 위험한 도구가 될 수 있다. 지나치게 비약적인 자기만의 이론을 주장하거나 과대망상적인 치료 결과를 약속하는 것은 올바른 치료자의 태도가 아니다. 지혜의 목소리들이 알려준 판단 기준을 따라 '진정으로 환자를 걱정하는가?', '지나치게 상업적이지 않은가?', '충분한 경험과 지식이 있는가?', '자신의 한계를 인정하는 순수한 사람인가?'를 살펴야 한다. 또 한 가지 중요한 것은, 환자 자신의 직감이다. 치료자에 대해 객관적으로 나무랄 것이 없어도 뭔가 편치 않거나 석연찮은 느낌이 들면 굳이 그 사람을 고집할 필요는 없다. 자기와 잘 맞는 치료자를 만나는 것이 더 나은 결과를 가져올 것이기 때문이다.

상담 치료와 약물로도 닿지 않던 고통의 뿌리,
공포와 우울, 질병과 관계의 상처까지…
전생을 기억하는 순간, 치유는 시작되었다.

《전생여행 2》는 국내 최초로 최면 전생퇴행요법을 임상에 도입한 정신과 전문의 김영우 박사의 기록으로, 과거에 발표했던 여러 환자의 치유 사례들과 새로운 한 환자가 마주한 충격적이고 놀라운 전생에서의 삶과 함께 삶과 죽음, 그리고 표면 의식 너머의 진실을 다시 들여다본다.

전생을 기억한 이들의 치유 여정과, 삶의 본질을 깨닫게 하는 지혜의 목소리들이 지금, 더 깊은 깨달음으로 당신을 부르고 있다. 이제, 그 문은 당신 앞에도 열릴 수 있다.

지은이 김영우 박사는 2023년 6월 말까지 운영하던 정신과의원을 정리하고, 같은 해 7월 미국 하와이로 이주했습니다. 현재는 여러 치료로도 쉽게 호전되지 않는 환자들을 대상으로 최면 치료를 지속하며, 인간 의식에 관한 양자물리학적 연구와 대학 강의 활동에 집중하고 있습니다.

기존 '김영우정신건강의학과의원' 홈페이지는 '김영우 자아초월 최면치료연구소'(http://drhypnosis.co.kr)로 새롭게 운영되며, 비공개 상담 신청도 가능합니다.

● 이메일 주소 bateux@empas.com

참고 문헌

국내 출간 단행본

- 김승혜·서종범·길희성, 《선불교와 그리스도교》, 1996, 바오로딸
- 김영우, 《전생여행》, 1996, 정신세계사
- 글렌 윌리스턴·주디스 존스톤, 《영혼의 탐구》, 1996, 시공사
- 리드비터·크리스크 나무르티·브레버스키, 《신지학 입문》, 1995, 도서출판 신지학
- 브라이언 와이스, 《나는 환생을 믿지 않았다》, 1994, 정신세계사
- 브라이언 와이스, 《전생요법》, 1995, 정신세계사
- 일레인 페이젤, 《성서 밖의 예수》, 1989, 정신세계사
- 지나 서미나라, 《윤회의 비밀》, 1988, 장경각
- 지나 서미나라, 《윤회의 비밀(속편)》, 1988, 장경각
- 지나 서미나라, 《윤회의 진실》, 1995, 정신세계사
- 클로드 보리롱 라엘, 《진실의 서》, 1995, 도서출판 메신저
- 파드마 삼바바, 《티벳 死者의 書》, 1995, 정신세계사
- 프란시스 스토리, 《환생》, 1992, 장경각
- 함석헌 주석, 《바가바드 기타》, 1996, 한길사
- 작자 미상, 《탈무드 임마누엘》, 1994, 홍진기획

국내 논문 및 잡지

- 김성규, 문헌사적으로 살펴본 전생과 윤회, 《불교와 문화》 제1호, 1997, 대한불교진흥원
- 김영우, 전생퇴행요법, 《제5회 한국정신과학학술대회 논문집》, 1996, 한국정신과학학회
- 김영우, 정신의학적 측면에서 본 최면과 전생퇴행, 《불교와 문화》 제1호, 1997, 대한불교진흥원

- 이귀행, 전이의 분석, 《원광정신의학》 제12권 제2호, 1996, 원광대학교 의과대학 신경정신과학교실
- 이부영·서경란, 한국에서의 빙의(憑依) 현상, 그 심리학적·병리학적 측면: 증례 분석을 중심으로, 《심성연구》 제9권 제1·2호, 1994, 한국분석심리학회
- 《건강 丹》 1996년 4월호, ㈜한문화

국외 출간 단행본
- Brian Alman, Self Hypnosis, 1983, Brunner/Mazel
- Robert Almeder, Death & Personal Survival: The Evidence for Life after Death, 1992, Rowman & Littlefield Publishers
- E. A. Barnett, Analytical Hypnotherapy: Principles and Practice, 1989, Westwood Publishing
- Henry Leo Bolduc, Life Patterns, Soul Lessons, and Forgiveness, 1994, Adventures Into Time Publishers
- Gloria Chadwick, Discovering Your Past Lives, 1988, Contemporary Books
- David B. Cheek, The Application of Ideomotor Techniques, 1994, A Longwood Professional Books
- Rabia Lynn Clark, Past Life Therapy: The State of the Art, 1995, Rising Star Press
- Martin A. Conway, Recovered Memories and False Memories, 1997, Oxford
- Hans Ten Dam, Exploring Reincarnation, 1990, Penguin Group
- Larry Dossey, Recovering the Soul: A Scientific and Spiritual Search, 1989, Bantam New Age Books
- Gerald Edelstein, Trauma, Trance, and Transformation: A Clinical Guide to Hypnotherapy, 1981, Brunner/Mazel
- Patrick Fanning, Visualization for Change, 1994, New Harbinger Publications

- Edith Fiore, You Have Been Here Before, 1978, Ballantine Books
- Joe Fisher, The Case for Reincarnation, 1983, Bantam Books
- Jeffrey Furst, Edgar Cayce's Story of Jesus, 1968, Berkeley Books
- Bruce Goldberg, Past Lives, Future Lives, 1982, Ballantine Books
- Bruce Goldberg, The Search for Grace: A Documented Case of Murder and Reincarnation, 1994, In Print Publishing
- Corydon Hammond, Handbook of Hypnotic Suggestions and Metaphors, 1990, ASCH(The American Society of Clinical Hypnosis) Press
- Corydon Hammond, Hypnotic Induction and Suggestion, 1992, ASCH Press
- Corydon Hammond, Richard Garver, Charles Mutter, Harold Crasilneck, Edward Frischholz, Melvin Gravitz, Neil Hibler, Jean Olson, Alan Scheflin, Herbert Spiegel, William Wester, Clinical Hypnosis and Memory: Guidelines for Clinicians and for Forensic Hypnosis, 1995, ASCH Press
- Reba Ann Karp, Edgar Cayce: Encyclopedia of Healing, 1986, Warner Books
- John Klimo, Channeling, 1987, Tarcher
- Stanley Krippner, Dreamtime and Dreamwork, 1990, Putnam Books
- Frank Lawlis, Transpersonal Medicine, 1996, Shambhala
- Winafred Lucas, Regression Therapy: Handbook for Professionals, 1993, Crest Park
- Vicki Mackenzie, Reincarnation, 1988, Bloomsbury Publishing
- Ursula Markham, Hypnosis Regression Therapy, 1991, London: Judy Platkus
- William McGarey, There Will Yuor Heart Be Also: Edgar Cayce's Readings about Home and Marriage, 1975, Prentice Hall
- Raymond Moody, Coming Back: A Psychiatrist Explores Past Life Journeys, 1991, Bantam Books
- Raymond Moody, Life after Life, 1975, Bantam Books
- Melvin Morse, Closer to the Light, 1990, Ivy Books
- Garrett Oppenheim, Who Were You Before You Were You?, 1990, Carlton Press
- Helen M. Pettinati, Hypnosis and Memory, 1988, Guilford
- Colin A. Ross, Dissociative Identity Disorder: Diagnosis, Clinical Features, and Treatment of Multiple Personality, 1997, John Wiley & Sons
- Robert C. Smith, Edgar Cayce: You Can Remember Your Past Lives, 1989, Warner Books
- David Steere, Spiritual Presence in Psychotherapy, 1997, Brunner/Mazel

- Ian Stevenson, Children Who Remember Previous Lives, 1987, University Press Of Virginia
- Michael Talbot, Your Past Lives: A Reincarnation Handbook, 1987, Harmony Books
- Moshe Torem, Hypnosis and It's Clinical Applications in Psychiatry and Medicine, 1992, Ryandic Publishing
- Renee Weber, Dialogues with Scientists and Sages: The Search for Unity, 1986, Routledge & Kegan Paul
- Joel Whitton & Joe Fisher, Life between Life, 1986, Warner Books
- Ian Wilson, The After Death Experience, 1987, Quill, William Morrow
- Roger Woolger, Other Lives, Other Selves, 1987, Doubleday & Company
- Jeffrey K. Zeig, Ericksonian Methods: The Essence of the Story, 1994, Brunner/Mazel Publishers

국외 논문

- William Baldwin, "Diagnosis and Treatment of the Spirit Possession Syndrome", The Journal of Regression Therapy vol. 6, no. 1, 1992, APRT Press
- William Baldwin, "Differential Diagnosis in Spirit Releasement Therapy", The Journal of Regression Therapy vol. 10, no. 1, 1996, APRT Press
- J. O. Beahrs, J. J. Cannell & T. G. Gutheil, "Delayed Traumatic Recall in Adults: A Synthesis with Legal, Clinical, and Forensic Recommendations", Bulletin of the American Academy of Psychiatry & the Law, 24(1), 45-55, 1996
- Peter Bloom, "Clinical Guidelines in Using Hypnosis in Uncovering Memories of Sexual Abuse", The International Journal of Clinical and Experimental Hypnosis, vol, XLII, no. 3, 1994
- Henry Lee Bolduc, "Regression to Childhood: Induction and Transformation, The Journal of Regression Therapy vol. 4, no. 1, 1989, APRT Press
- C.J.Dalenberg, "Accuracy, Timing and Circumstances of Disclosure in Therapy of Recovered and Continuous Memories of Abuse", The Journal of Psychiatry & the Law, 24(2), 229-275.1996
- Hazel Denning, "Philosophical Assumptions Underlying Successful Past Life Therapy", The Journal of Regression Therapy vol. 1, no. 2, 1986, APRT Press
- M. J. Eisenberg, "Recovered Memories of Childhood Sexual Abuse", Temple Law Review, 68(1), 249-280, 1995
- Thelma Freedman, "Past Life Therapy for Phobias : Patterns and Outcome", The Journal of Regression Therapy vol. 9, no. 1, December 1995, APRT Press

- Thelma Freedman, "Treating Children's Nightmares with Past Life Report Therapy", The Journal of Regression Therapy vol. 5, no. 1, December, 1991, APRT Press
- M. J. Gosschalk & V. H. Gregg, "Relaxation and Cognitive Processing during Memory Retrieval", Contemporary Hypnosis, 13(3), 177–185, 1996
- E. Haraldsson, "Personality and Abilities of Children Claiming Previous Life Memories", Journal of Nervous & Mental Disease, 183(7), 445–451, 1995
- Irene Hickman, "Hypnosis and Healing", The Journal of Regression Therapy vol. 2, no. 1, 1987, APRT Press
- Irene Hickman, "Principles and Techniques of Regression to Childhood", The Journal of Regression Therapy vol. 4, no. 1, 1989, APRT Press
- Alfred Hoffmann, "Past Life Induced Anorexia: A Case Study", The Journal of Regression Therapy vol. 7, no. 1, 1993, APRT Press
- Robert James, "Verifiable Past Lives : Readily Available?", The Journal of Regression Therapy vol. 9, no. 1, December 1995, APRT Press
- Marianne De Jong, "Agoraphobia: Trauma of a Lost Soul?" The Journal of Regression Therapy vol, 4, no. 1, 1992, APRT Press
- Ronald Wong Jue, "Past Life Therapy: Assumptions, Stages and Progress", The Journal of Regression Therapy vol. 1, no. 1, 1986, APRT Press
- Ronald Wong Jue, "Defining Professional Relationships in Past Life Therapy", The Journal of Regression Therapy vol. 3, no. 1, 1988, APRT Press
- Karlin & Orne, "Commentary on Borawick vs. Shay" Cultic Studies Journal, 13(1), 42–94, 1996
- Stanley Krippner, "Past Life Therapy in The Treatment of Multiple Personality Disorders", The Journal of Regression Therapy vol. 8, no. 1, 1994, APRT Press
- Frank Leavitt, "False Attribution of Suggestibility to Explain Recovered Memory of Childhood Sexual Abuse Following Extended Amnesia", Child Abuse & Neglect, 21(3), 265–272, 1997
- Margaret Lento, "Healing the Wounded Child from Past Lives", The Journal of Regression Therapy vol. 10, no. 1, 1996. APRT Press
- Winafred Lucas and Chet Snow, "Brain Wave States Underlying The Regression Process", The Journal of Regression Therapy vol. 1, no. 2, 1986, APRT Press
- Eisen Mitchell, "The Relationship between Memory, Suggestibility and Hypnotic Responsivity", American Journal of Clinical Hypnosis vol. 39, no. 2, 1996
- Garrett Oppenheim, "Overcoming Resistance to a Past Life Scene", The Journal of Regression Therapy vol. 3, no. 2, 1988, APRT Press
- Ernest Pecci, "Exploring One's Death", The Journal of Regression Therapy vol. 2, no. 1,

1987, APRT Press

- Ernest Pecci, "Opening the Way for Healing", The Journal of Regression Therapy vol, 2, no. 2, 1987, APRT Press
- J. W. Pennebaker & A. Memon, "Recovered Memories in Context: Thoughts and Elaborations on Bowers and Farvolden" Psychological Bulletin, 119(3), 381–385, 1996
- K. S. Pope, "Memory, Abuse, and Science", American Psychologist, 51(1), 957–974, 1996
- Clyde Reid, "Healing Relationships through Past Life Regression: A New Paradigm", The Journal of Regression Therapy vol. 3, no. 1, 1988, APRT Press
- Clara Riley, "Healing Pre–Natal Memories", The Journal of Regression Therapy vol. 2, no. 2, 1987, APRT Press
- Clyde Reid, "Past Life Therapy in Ongoing Psychotherapy", The Journal of Regression Therapy vol. 1, no. 1, 1986, APRT Press
- Scheflin & Brown, "Repressed Memory or Dissociative Amnesia: What the Science Says", Journal of Psychiatry & the Law, 24(2), 143–188, 1996
- George Schwimmer, "Healing The Past Life Personality": The Journal of Regression Therapy vol. 4, no. 2, 1990, APRT Press
- P. Sheehan, "Recovered Memories: Some Clinical and Experimental Challenges", Australian Journal of Clinical & Experimental Hypnosis, 25(1), 18–39, 1997
- J. G. Watkins, "Dealing with the Problem of 'False Memory' in Clinical and Court", Hypnosis, 22(4), 176–188, 1995
- L. M. Williams, "Recovered Memories of Abuse in Women with Documented Child Sexual Victimization Histories" Journal of Traumatic Stress, 8(4), 649–673, 1995

전생여행 1_ 전생퇴행 최면치료, 존재와 내면의 치유

초판 1쇄 인쇄 | 2025년 6월 17일
초판 1쇄 발행 | 2025년 6월 24일

지은이 | 김영우
펴낸이 | 강효림

편집 | 곽도경
내지디자인 | 주영란
표지디자인 | 최치영

용지 | 한서지업㈜
인쇄 | 한영문화사

펴낸곳 | 도서출판 전나무숲 檜林
출판등록 | 1994년 7월 15일·제10-1008호
주소 | 10544 경기도 고양시 덕양구 으뜸로 130
위프라임원타워 810호
전화 | 02-322-7128
팩스 | 02-325-0944
홈페이지 | www.firforest.co.kr
이메일 | forest@firforest.co.kr

ISBN | 979-11-93226-61-2 (03180)

• 책값은 뒤표지에 있습니다.
• 이 책에 실린 글과 사진의 무단 전재와 무단 복제를 금합니다.
• 잘못된 책은 구입하신 서점에서 바꿔드립니다.